水利工程经济与规划研究

李战会 著

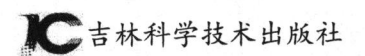

吉林科学技术出版社

图书在版编目（CIP）数据

水利工程经济与规划研究 / 李战会著. -- 长春：吉林科学技术出版社，2022.4
　　ISBN 978-7-5578-9318-7

Ⅰ．①水… Ⅱ．①李… Ⅲ．①水利工程－工程经济学－研究 Ⅳ．①F407.937

中国版本图书馆 CIP 数据核字(2022)第 072721 号

水利工程经济与规划研究

著	李战会
出 版 人	宛　霞
责任编辑	孔彩虹
封面设计	树人教育
制　　版	林忠平
幅面尺寸	185mm×260mm
开　　本	16
字　　数	258 千字
印　　张	11.25
印　　数	1-1500 册
版　　次	2022年4月第1版
印　　次	2022年4月第1次印刷

出　　版　吉林科学技术出版社
发　　行　吉林科学技术出版社
地　　址　长春市南关区福祉大路5788号出版大厦A座
邮　　编　130118
发行部电话/传真　0431-81629529　81629530　81629531
　　　　　　　　　　　　　　　81629532　81629533　81629534
储运部电话　0431-86059116
编辑部电话　0431-81629510
印　　刷　廊坊市印艺阁数字科技有限公司

书　　号　ISBN 978-7-5578-9318-7
定　　价　58.00元

版权所有　翻印必究　举报电话：0431—81629508

编审会

魏亚男　张艳萍　樊　静

刘　维　周　茜　卞臻臻

刘　屹　贺　天　何　刘

马　雯

前　言

　　水是国民经济和人类发展的命脉。水利建设关系到国民经济和人民生活。三峡水利枢纽竣工是世界水利建设水平的标志。我国水利建设取得了巨大成就。我国水利工程建设正处于高潮，规模之大，矛盾之多，技术难度之大，举世瞩目;可持续发展的经济责任和生态环境保护任重而道远。人、社会、自然的和谐共处，需要我们共同创造。

　　本书研究了水利工程建设的施工方法和管理方法，介绍了河道治理、发电供水、灌溉排水、水利开发、综合利用、生态水利等工程。本书是运用自然、改造自然过程中积累的经验和知识，体现在生产劳动中，统称建筑技术。可以很好地安排内容的顺序和结构，实现内容的共性和个性。注重系统性、代表性和关联性。

　　近年来，水利科学技术有了许多新的发展。编制新成果、新趋势、新发展，在书中结合每一章的内容，重点介绍了书中涉及的水利管理、施工规范。

　　由于编辑水平有限，难免存在一些不足之处，我们诚挚希望各位读者和同行能够提出更好的意见与建议，以便今后改进和完善。

目 录 CONTENTS

第一章 水利工程基本认识 …………………………………………………… 1
    第一节 水利工程及工程建设的必要性 …………………………………… 1
    第二节 水利工程的分类 …………………………………………………… 4
    第三节 工程任务及规模 …………………………………………………… 5
    第四节 工程占地及移民安置 ……………………………………………… 9

第二章 水工建筑物的放样及变形观测 ……………………………………… 17
    第一节 水工建筑物的放样 ………………………………………………… 17
    第二节 水工建筑物的变形观测 …………………………………………… 23

第三章 水利水电质量管理与环保安全 ……………………………………… 36
    第一节 基本概念 …………………………………………………………… 37
    第二节 全面质量管理 ……………………………………………………… 43
    第三节 施工过程质量管理 ………………………………………………… 46
    第四节 工程验收 …………………………………………………………… 53
    第五节 安全文明环保施工 ………………………………………………… 58

第四章 导截流工程施工技术 ………………………………………………… 73
    第一节 概述 ………………………………………………………………… 73
    第二节 导流挡水建筑物 …………………………………………………… 74
    第三节 导流设计流量的确定 ……………………………………………… 81

  第四节 导流泄水建筑物……………………………………………82
  第五节 导流方案的选择……………………………………………89
  第六节 截流施工……………………………………………………95
  第七节 基坑排水…………………………………………………100
  第八节 其他关键工作……………………………………………104

第五章 水闸工程施工………………………………………………110
  第一节 概述………………………………………………………110
  第二节 施工测量…………………………………………………112
  第三节 施工导流与地基开挖…………………………………113
  第四节 防渗导渗设施和地基处理……………………………117
  第五节 浇筑混凝土的分块与接缝……………………………125
  第六节 混凝土现浇施工要点…………………………………127
  第七节 金属结构及机电设备安装及试运转和施工期观测…………142
  第八节 砌石的施工要点…………………………………………146

第六章 水利水电工程投资控制……………………………………148
  第一节 资金使用计划的编制…………………………………148
  第二节 工程计量与计价控制…………………………………151
  第三节 工程款支付与控制……………………………………160
  第四节 水利水电工程投资控制措施………………………169

参考文献……………………………………………………………………172

第一章 水利工程基本认识

第一节 水利工程及工程建设的必要性

我国的经济在改革开放之后迅速发展，国民生活水平大幅度提高。各项制度也在不断完善，在水利设施建设上也大刀阔斧地进行开发。随着经济的高速发展，能源需求也急速增加。

一、全面建设小康社会的需要

全面建设小康社会，最根本的是坚持以经济建设为中心，不断提高人民的生活水平。黄土高原地区是我国贫困人口集中、经济基础薄弱的地区，该地区人民群众能否脱贫致富，将直接影响我国全面建设小康社会总目标的如期实现。而加快黄土高原地区堤坝建设，对促进地方经济发展和群众脱贫致富，全面建设小康社会具有重要的现实意义。堤坝将泥沙就地拦截，形成坝地，使荒沟变成了高产、稳产的基本农田。

二、促进西部大开发的需要

黄土高原地区有煤炭、石油、天然气等30多种矿产，资源丰富，是我国西部地区十大矿产集中区之一，开发潜力巨大。该区是我国重要的能源和原材料基地，在我国经济社会发展中具有重要地位。该地区严重的水土流失和极其脆弱的生态环境与其在我国经济社会发展中的重要作用极不相称，这就要求在开发建设的同时，必须同步进行水土保持生态建设。堤坝建设是水土保持生态建设的重要措施，也是资源开发和经济建设的基础工程，加快堤坝建设，可以快速控制水土流失，提高水资源利用率，通过促进退耕还林、还草及封禁保护，加快生态自我修复，实现生态环境的良性循环，改善生产、生活和交通条件，为西部开发创造良好的建设环境，对于国家实施西部大开发的战略具有重要的促进作用。

河以上山丘区资源丰富，有大量的矿产资源，如金、银、铁、铜、大理石及其他矿产资源等，由于缺电，这些矿产资源不能得到合理的开发和深加工。同时，山丘区的加工业及其他产业发展也受到限制，严重制约着山区农村经济的发展。工程建成以后，由于电力资源丰富，可以促进农村经济的发展，该水电站是山区水利和山区经济的重要组成部分，是贫困山区经济发展的重要支柱，地方财政收入的重要来源，农民增收的根本途径，对精神文明建设以及对乡镇工、副业的发展和农村电气化将发挥重要作用。

三、改善生态环境的需要

巩固退耕还林、还草成果的关键是当地群众要有长远稳定的基本生活保证。堤坝建设形成了旱涝保收、稳产、高产的基本农田和饲料基地，使农民由过去的广种薄收改为少种高产多收，促进了农村产业结构调整，为发展经济创造了条件，解除了群众的后顾之忧，与国家退耕政策相配合，就能够保证现有坡耕地"退得下、稳得住、不反弹"，为植被恢复创造条件，实现山川秀美。

四、实现防洪安全的需要

泥沙主要来源于高原。修建于沟道中的堤坝，从源头上封堵了向下游输送泥沙的通道，在泥沙的汇集和通道处形成了一道人工屏障。它不但能够拦蓄坡面汇入沟道内的泥沙，而且能够固定沟床，抬高侵蚀基准面，稳定沟坡，制止沟岸扩张、沟底下切和沟头前进，减轻沟道侵蚀。

五、水利枢纽

为满足各项水利工程兴利除害的目标，在河流或渠道的适宜地段修建的不同类型水工建筑物的综合体。水利枢纽按承担任务的不同，可分为防洪枢纽、灌溉枢纽、水力发电枢纽和航运枢纽等。多数水利枢纽承担多项任务，称为综合性水利枢纽。影响水利枢纽功能的主要因素是选定合理的位置和最优的布置方案。水利枢纽工程的位置一般通过河流流域规划或地区水利规划确定。具体位置需充分考虑地形、地质条件、使各个水工建筑物都能布置在安全可靠的地基上，并能满足建筑物的尺度和布置要求，以及施工的必需条件。水利枢纽工程的布置，一般通过可行性研究和初步设计确定。枢纽布置必须使各个不同功能的建筑物在位置上各得其所，在运用中相互协调，充分有效地完成所承担的任务；各个水工建筑物单独使用或联合使用时水流条件良好，上下游的水流和冲淤变化不影响或少影响枢纽的正常运行，总之

第一章 水利工程基本认识

技术上要安全可靠；在满足基本要求的前提下，要力求建筑物布置紧凑，一个建筑物能发挥多种作用，减少工程量和工程占地，以减小投资；同时要充分考虑管理运行的要求和施工便利，工期短。一个大型水利枢纽工程的总体布置是一项复杂的系统工程，需要按系统工程的分析研究方法进行论证确定。我们在此以长江三峡为例。长江三峡水利枢纽工程，简称三峡工程，是中国长江中上游段建设的大型水利工程项目。分布在中国重庆市到湖北省宜昌市的长江干流上，大坝位于三峡西陵峡内的宜昌市夷陵区三斗坪，并和其下游不远的葛洲坝水电站形成梯级调度电站。它是世界上规模最大的水电站，也是中国有史以来建设的最大型的工程项目，而由它所引发的移民、环境等诸多问题，使它从开始筹建的那一刻起，便始终与巨大的争议相伴。但应该说它是效益更多的，具体的有如下几个：

（一）防洪

三峡大坝建成后，将形成巨大的水库，滞蓄洪水，使下游荆江大堤的防洪能力，由防御十年一遇的洪水，提高到抵御百年一遇的大洪水，防洪库容在73～220亿m^3。

（二）发电

三峡水电站是世界最大的水电站，总装机容量1820万KW。这个水电站每年的发电量，相当于4000万t标准煤完全燃烧所发出的能量。装机容量（26+6）×70万（1820万+420万）KW，年发电846.8（1000）亿度。主要供应华中、华东、华南、重庆等地区。

（三）航运

三峡工程位于长江上游与中游的交界处，地理位置得天独厚，对上可以渠化三斗坪至重庆河段，对下可以增加葛洲坝水利枢纽以下长江中游航道枯水季节流量，能够较为充分地改善重庆至武汉的通航条件，满足长江上中游航运事业远景发展的需要。通航能力可以从现在的每年1000万t提高到5000万t长江三峡水利枢纽工程在养殖、旅游、保护生态、净化环境、开发性移民、南水北调、供水灌溉等方面均有巨大效益。除此之外还有水产养殖、供水、灌溉和旅游等综合利用效率等等。

总之，建设水利工程是国家实施可持续发展战略的重要体现，将为水电发展提供新的动力。小水电作为清洁可再生绿色能源，越来越广泛地得到全社会的肯定。发展小水电既可减少有限的矿物燃料消耗，减少二氧化碳的排放，减少环境污染，还可以解决农民的烧柴和农村能源问题，有利于促进农村能源结构的调整，有利于促进退耕还林、封山绿化、植树造林和改善生态环境，有利于人口、环境的协调发展，有利于水资源和水能资源的可持续利用，促进当地经济的可持续发展。

第二节 水利工程的分类

按目的或服务对象可分为防止洪水灾害的防洪工程；防止旱、涝、渍灾为农业生产服务的农田水利工程，或称灌溉和排水工程；将水能转化为电能的水力发电工程；改善和创建航运条件的航道和港口工程；为工业和生活用水服务，并处理和排除污水、雨水的城镇供水和排水工程；防止水土流失和水质污染，维护生态平衡的水土保持工程和环境水利工程；保护和增进渔业生产的渔业水利工程，围海造田，满足工农业生产或交通运输需要的海涂围垦工程等。一项水利工程同时为防洪、灌溉、发电、航运等多种目标服务的，称为综合利用水利工程。

一、防洪工程

防止旱、涝、渍灾为农业生产服务的农田水利工程，或称灌溉和排水工程；将水能转化为电能的水力发电工程。

二、引水工程

水库和塘坝（不包括专为引水、提水工程修建的调节水库），按大、中、小型水库和塘坝分别统计。

三、提水工程

提水工程是指利用扬水泵站从河道、湖泊等地表水体提水的工程（不包括从蓄水、引水工程中提水的工程），按大、中、小型规模分别统计。调水工程，是指水资源一级区或独立流域之间的跨流域调水工程，蓄、引、提工程中均不包括调水工程的配套工程。地下水源工程，是指利用地下水的水井工程，按浅层地下水和深层承压水分别统计。

四、地下水源工程

指利用地下水的水井工程，按浅层地下水和深层承压水分别统计。地下水利用研究地下水资源的开发和利用，使之更好地为国民经济各部门（如城市给水、工矿企业用水、农业用水等）服务。农业上的地下水利用，就是合理开发与有效地利用地下水进行灌溉或排灌结合改良土壤以及农牧业给水。必须根据地区的水文地质条件、水文气象条件和用水条件，进行全面规划。在对地下水资源进行评价和摸清可开采量的基础上，制订开发计划与工程措施。在地下水利用规划中要遵循以下原则：

充分利用地面水，合理开发地下水，做到地下水和地面水统筹安排；应根据各含水层的补水能力，确定各层水井数目和开采量，做到分层取水，浅、中、深结合，合理布局；必须与旱涝碱咸的治理结合，统一规划，做到既保障灌溉，又降低地下水位、防碱防溃；既开采了地下水，又腾空了地下库容；使汛期能存蓄降雨和地面径流，并为治涝治碱创造条件。在利用地下水的过程中，还须加强管理，避免盲目开采而引起不良后果（指与当地降水、地表水体有直接补排关系的潜水和与潜水有紧密水力联系的弱承压水）。其他水源工程包括：集雨工程、污水处理再利用和海水利用等供水工程。

第三节　工程任务及规模

建设项目的任务，是指项目建成后需要达到的目标，而建设范围是指建设规模。这是整个水利工程任务中的最核心的一个环节，有关专业人员要从工程中的每一个过程当中对于科技和效益两个大方面实施强有力的审核和校评，同时也要在良好方法的前提下，准确地进行工程任务中严格的费用的预期计划，这是整个水利工程当中各阶段预期费用掌控任务总的经济投入的重要性根据。在投资决策阶段，挑选工程任务实施得最佳、最准确的建设水准以及挑选最佳的工艺配备装置，进行完整性、准确性、公正的评估。

一、工程特征水位的初步选择

初选灌区开发方式，确定灌区范围，选定灌溉方式。拟定设计水平年，选定设计保证率。确定供水范围、供水对象，选定供水工程总体规划。说明规划阶段确定的梯级衔接水位，结合调查的水库淹没数据和制约条件以及工程地质条件，通过技术经济比较，基本选定水库正常蓄水位，初选其他主要特征水位。

二、地区社会经济发展状况、工程开发任务

收集工程影响地区的社会经济现状和水利发展规划资料。收集水利工程资料，主要包括现有、在建和拟建的各类水利工程的地区分布、供灌能力以及待建工程的投资、年运行费等。确定本工程的主要水文及水能参数和成果；收集近年来社会经

济情况，人口、土地、矿产、水资源等资料，工农业、交通运输业的现状及发展规划，主要国民经济指标，水资源和能源的开发和供应状况等资料。阐述经济发展和城镇供水及灌溉对水库的要求，论述本工程的开发任务。

三、主要任务

确定工程等别及主要建筑物级别、相应的洪水标准和地震设防烈度；初选坝址；初拟工程枢纽布置和主要建筑物的形式和主要尺寸，对复杂的技术问题进行重点研究，分项提出工程量。根据相关规划，结合本工程的特点，分析各综合利用部门对工程的要求，初定其开发任务以灌溉、供水为主，兼有防洪、发电、改善水环境等功能。

（一）供水范围、设计水平年、设计保证率

根据相关规划，协调区域水资源配置，结合上阶段分析成果，进一步论证工程供水范围。经查勘综合分析。

（二）设计水平年和设计保证率

根据区域经济发展规划，结合工程的特点，拟定以××年为基准年，工程设计水平年为××年。根据本区水资源条件和各综合利用部门特点，初拟设计保证率：灌溉P=80%、供水P=90%。

（三）需水预测

根据工程供水范围内区域社会经济发展规划及各行业发展规划，分部门预测灌溉需水、生活需水、二、三产业需水、生态环境需水及其他需水。水库坝址需下泄的生态环境用水量由环评专业提供，本专业重点研究灌溉需水、生活需水、工业需水、发电用水。

1. 灌溉需水

①了解分析灌区的土地利用规划、种植业发展规划，拟定灌区田土比例和种植制度，土壤理化参数；②以××站为代表站，参考规划及××灌溉用水定额编制评价报告，分别拟定水稻、玉米、小麦、油菜、红苕、烤烟和水果等主要农作物的生育期参数，旱作以旬为时段，进行单项作物的灌溉制度设计，并计算灌区综合灌溉定额；③提出灌区P=50%、P=80%、P=90%、P=95%典型年灌溉用水旬过程线，并制作P=80%灌水率过程线或图；④根据灌溉定额和结合灌区规划预测分片的灌溉需水。

2. 生活需水

调查了解灌区城镇和农村人口的用水情况，包括用水指标、取水水源等，分析预测设计水平年需水利工程供水的人口和指标，预测分片的生活需水量。根据灌区调查，初拟城镇人口生活用水指标（不含公共设施的用水）为160L/人·d，农村人口生活用水指标为80L/人·d。

3. 工业需水

调查了解灌区工业的发展及用水情况，包括增加值、增加值年递增率、用水指标、取水水源，分析预测设计水平年工业增加值、用水指标、预测分片的工业需水量和需水利工程供水量。

4. 牲畜需水

调查了解灌区牲畜发展及用水情况，包括牲畜数量、用水指标、取水水源，分析预测设计水平牲畜数量、用水指标、预测分片的牲畜需水量和需水利工程供水量。根据灌区调查，初拟牲畜用水指标为大牲畜40L/头·d，小牲畜20L/头·d。

（四）对发电用水，通过是否预留专门库容以及是否发电与灌溉供水结合应进行研究

1. 是否预留发电库容的方案

方案Ⅰ：不预留专门库容，水库对电站用水不做调节，水库规模由灌区综合供水和生态环境用水确定。

方案Ⅱ：考虑到水库来水丰沛，汛期余水较多，水库按枯水年（或中水年）基本达到完全年调节控制。

2. 是否发电与灌区供水结合的方案

方案Ⅰ：发电与灌区供水结合，电站布置在渠首，多利用灌区综合用水发电。

方案Ⅱ：发电与灌区供水不结合，电站布置在坝后，仅利用环境用水和水库汛期余水发电，但可多利用水头。

（五）供水预测

调查了解灌区现有水利工程的数量、分布、供水能力及运行情况，收集有关的水利规划资料，分析预测灌区各类水工程的数量和可供水量。

1. 引水堰和提灌站

根据其灌溉和供水户的需水量、引水能力和取水坝址的来水量分析计算。

2. 山坪塘和石河堰

采用兴利库容乘以供水系数法估算供水量。采用典型调查方法，参照邻近及类

似地区的成果分析确定其供水系数，结合水文提供的各年径流频率求逐年的供水量，主要用于削减灌区用水峰量。

3．小水库

根据其集水面积、兴利库容、水文提供的径流深以及供水区需水预测成果，采用长系列进行调节计算，得出逐年的供水量。

（六）供水区水量平衡分析

1．渠系总布置

与水工专业共同研究渠系总布置方案，落实干支斗渠的长度，衬砌形式，绘制灌区渠系直线示意图。并根据灌区的地形条件进行典型区选择和典型区田间灌排渠系布置，以此为据，计算干支斗渠以下的田间灌溉水利用系数。

2．分片区水量平衡

根据灌区分片，首先根据需水预测、灌区水资源分析成果和调查的自备水源供水情况，分析预测现状和设计水平年自备水源的供水量，在求得灌区需水利工程供水量后，据灌区供需水预测成果，进行现状和设计水平年供需平衡分析。

3．灌溉水利用系数分析及需桐梓水库的供水量计算

在分片水量平衡的基础上，根据灌区渠系布置及分渠系设计灌水率，采用考斯加可夫公式，从下往上进行逐级推算渠道净流量、毛流量和水量，求得各级渠道的渠道水利用系数及干渠渠首需桐梓水库的供水量。田间水利用系数采用0.92，由不计工业生活供水时求得的渠系水利用系数乘以渠系水利用系数得到灌区的灌溉水利用系数。

（七）水库径流调节

根据水库天然来水量及需××水库的供水量，进行水库调节计算，经方案比较，选择水库兴利容积及相应特征水位。

（八）防洪规划

防洪保护范围及防护标准，根据××河流域场镇分布特点，分析确定××水库防洪保护范围。分析防洪保护对象防洪要求，确定其防护标准。防洪总体布置方案。根据××河流域自然地理条件、防洪现状，结合防洪保护对象防洪要求，选择防洪总体布置方案。

第四节　工程占地及移民安置

一、水利工程占地

随着我国经济的发展，水利工程也在逐步发展壮大。水利工程是一项重大的长期的工程，是关乎几代人生存发展的重要工程。发展水利对于我国这样一个水利大国非常必要，同时，兴水利、促进水利和人民和谐共存是建设水利工程的目标，而高质量的水利工程是发挥水利作用的重要保证。有效的、高质量的水利工程对于农业经济发展也有着举足轻重的作用。我国水利情况较为复杂，水利相关建设难度较大，国家的经济发展和人民群众的自身生活与水利设施关系密切。在水利工程的投资工作上，我国在管理上还存在着不少问题，在征地拆迁和移民安置的问题上工作还有所不足。水利工程的建设对于我国的治理水灾、农业经济发展等各方面都有着重要以及深远的意义。在现阶段，随着我国经济的快速发展，水利项目不断增多，整体行业的规模不断增大，作为项目管理团队，在管理工作上也遇到了很大的挑战，做好水利项目的管理工作，严格控制水利工程中投资资金，做好征地移民安置工作，对于打造安全稳定的高质量水利工程，保证我国的经济稳定发展，维持社会和谐和稳定，保证人民生命财产安全有着重要的意义。征地移民是水利工程建设管理中的重要一环，要利用完善的监管工作对征地移民工作进行管理，对工程单位的经济效益提供保障，同时也保证拆迁地区居民的自身权益。

在征地移民的工作进行前，要进行良好的规划工作，做好合理科学的安置计划。在水利工程征地的选择上，大多数是农村地区的土地，所以，农民对于征地工作的影响非常重要，也是对整体工程进行和实施中较为重要的不安因素。在制订安置计划时，要在法律、法规的基础上，合理的对征地移民工作进行分析，做好前期规划工作，保证后续工作的顺利开展。

（一）征、占地拆迁及移民设计的原则

设计原则：征、占地拆迁及移民设计原则是尽量少征用土地面积，少拆迁房屋，少迁移人口，深入实地调查，要顾全堤防整险加固工程建设和人民群众两方面的根本利益。

（二）减少拆迁移民的措施

堤身加高培厚、填筑内外平台、堤基渗控处理等，是堤防整险加固工程造成移

民拆迁的主要原因。经过技术及经济合理性分析研究及优化设计，在不影响干堤防洪能力的情况下，本项目采取以下措施减少拆迁移民。在人口集中的地区，在加高培厚进行整治时，进行多方案比较，选取最优的方案，以减少堤身加高培厚造成的工程占地和拆迁移民。例如，加培方式和堤线选择方面，采用了外帮和内帮的方案比较，逐段优化堤线并以外帮为主的方案。堤基渗控措施一般方式为"以压为主，压导结合"，根据堤段具体地质条件，堤基如有浅砂层，可采取垂直截渗措施，以减少防渗铺盖和堤后压重占地而导致的移民。在拆迁和征地较集中的地区，根据工程实施情况，尽可能采用分步实施的原则，既可以减少一次性投资过大，又可以减少给地方带来的压力，更重要的是，减少由于大量集中拆迁移民，从而使拆迁移民产生反感情绪以及不良的社会影响。

（三）征、占地范围

根据堤防工程设计，如长江支流干堤整险加固工程将加高培厚原堤身断面，填筑内外平台，险工险段增加防渗铺盖和压浸平台，填筑堤内外100～200 m范围内的渊塘，涵闸泵站重建或改造等，这些工程措施将占压一定数量的土地和拆迁工程范围内的房屋及搬迁部分居民。同时，施工料场和施工场地、道路，需要临时占用部分土地。

（四）实物指标调查方法

实物指标的调查方法，是按照实物指标调查的内容制定调查表格，提出调查要求，由各区堤防管理部门负责调查、填表。在此基础上进行汇总统计和分析，重点抽样调查，实地核对。主要包括居民户调查、企事业单位拆迁调查、占地调查。另外，对工程占压的道路、输变电设施、电信设施、广播电视设施、公用设施及其他专用设施分堤段进行调查登记。根据各区调查登记的成果，我们组织专业技术人员对征地拆迁量较大的堤段进行了重点抽样调查、核对。

二、移民安置

移民安置是指对非自愿水利水电工程移民的居住、生活和生产的全面规划与实施，以达到移民前的水平，并保证他们在新的生产、生活环境下的可持续发展。具体包括移民的去向安排，移民居住和生活设施、交通、水电、医疗、学校等公共设施的建设或安排，土地征集和生产条件的建立，社区的组织和管理等，是为移民重建新的社会、经济、文化系统的全部活动，是一项多行业、综合性、极其复杂的系统工程。移民安置是水利水电工程建设的重要组成部分，安置效果的好坏直接关系到工程建设的进展、效益的发挥乃至社会的安定。

(一) 移民安置环境容量

在一定区域一定时期内，在保证自然生态向良性循环演变，并保证一定生活水平和环境质量的条件下，按照拟定的规划目标和安置标准，通过对该区域自然资源的综合开发利用后，该区域经济所能供养和吸收的移民人口数量。某区域的环境容量与其资源数量成正比，如某村民小组的耕地越多，则该组容量越大；容量与资源的开发利用水平、产出水平成正比，如同样面积的耕地，种植大棚蔬菜的容量比种植水稻的容量要大；容量与安置标准成反比，安置标准越高，容量越小。第二产业安置移民环境容量计算只考虑结合地方资源优势，利用移民生产安置资金新建的第二产业项目，按项目拟配置的生产工人数量确定接纳移民劳动力的数量。

(二) 生产安置人口

因水利水电工程建设征收或影响主要生产资料（土地），需要重新安排生产出路的农业人口。计算公式：生产安置人口=涉淹村、组受淹没影响的主要生产资料÷该村、组征地前人平均主要生产资料（不同质量或种类的生产资料可以换算成一种主要生产资料）。也可以这样理解：一个以土地为主要收入来源的村庄，受水库淹没影响后，其生产安置人口占村庄总人口的比重与水库淹没影响的土地占该村庄土地总量的比重是一致的。生产安置人口在规划阶段，是一个量化分析的尺度，不容易落实到具体的人。

(三) 搬迁安置人口

由于水利水电工程建设征地而导致必须拆迁的房屋内所居住的人口，含农业人口和非农业人口。搬迁安置人口=居住在建设征地范围内人口+居住在坍岸、滑坡、孤岛、浸没等影响处理区需搬迁人口+库边地段因建设征地影响失去生产生活条件需搬迁安置人口（如水库淹没后某部分人的基础设施恢复难度太大而需要搬迁的人口）+淹地不淹房需搬迁人口（生产安置随迁人口）。搬迁安置人口可以根据住房的对应关系落实到人。生产安置人口和搬迁安置人口是安置任务指标，不是淹没影响实物指标。

(四) 水库库底清理

在水库蓄水前，为保证水库水质和水库运行安全，必须对淹没范围内涉及的房屋及附属建筑物、地面附着物（林木）、坟墓、各类垃圾和可能产生污染的固体废弃物采取拆除、砍伐、清理等处理措施。这些工作称为水库库底清理。库底清理分为一般清理和特殊清理。一般清理又分为卫生清理、建（构）筑物清理（残留高度不得超过地面0.5 m）、林木清理（残留树桩不得高出地面0.3 m）三类。特殊清理，是指为开发水域各项事业而需要进行的清理（如水上运动场内的一切障碍物应清除，水井、地窖、人防及井巷工程的进出口等，应进行封堵、填塞和覆盖），特殊清理费用由相关单位自理。

三、移民安置的原则

根据国家和地方有关法律、条例、法规，参照其他工程移民经验，制定以下移民安置原则：

①节约土地是我国的基本国策。安置规划应根据我国人多地少的实际情况，尽量考虑少占压土地，少迁移人口。②移民安置规划要与安置地的国土整治、国民经济和社会发展相协调，要把安置工作与地区建设、资源开发、经济发展及环境保护、水土保持相结合，因地制宜地制定恢复与发展移民生产的措施，为移民自身发展创造良好条件。③贯彻开发性移民方针，坚持国家扶持、政策优惠、各方支援、自力更生的原则，正确处理国家、集体、个人之间的关系。通过采取前期补偿、补助与后期生产扶持的办法，妥善安置移民的生产、生活，逐步使移民生活达到或者超过原有水平。④移民安置规划方案要充分反映移民的意愿，要得到广大移民理解和认可。⑤各项补偿要以核实并经移民签字认可的实物调查指标为基础，合理确定补偿标准，不留投资缺口。⑥农村人口安置应尽可能以土地为依托。⑦集中安置要结合集镇规划和城市规划进行。⑧迁建项目的建设规模和标准，以恢复原规模、原标准（等级）、原功能为原则。结合地区发展，扩大规模，提高标准以及远景规划所需的投资，需由当地政府和有关部门自行解决。

四、移民安置基本政策

水利建设征地主要对农村影响较大，农村移民是水利工程建设征地实施中容易引发出不安定因素的群体。因此，妥善安置征地搬迁的移民，除了做好有关政策工作的同时，还需要做好实施安置的前期调查规划工作。

（一）实行开发性移民工作方针

改消极补偿为积极创业，变救济生活为扶持生产，把移民安置与经济社会发展、资源开发利用、生态环境保护相结合，使移民在搬迁后获得可持续发展的生产资料和能力，使其生产、生活条件能得到不断改善提高，实现移民长远生计有保障。开发性移民的理论基础是系统工程论，它从系统的、开发的观点指导移民安置工作。长江水利委员会林一山主任提出了"移民工程"的概念，指出要做移民安置规划和分配移民资金，通过开发荒山为移民创造基本的生产条件。处理丹江口移民遗留问题时实施。国务院在转发《水利电力部关于抓紧处理水库移民问题的报告》的文件中明确提出，写入国家移民条例。开发性移民工作方针应该把握以下几个关键：一是科学编制移民安置规划；二是使移民获得一定的生产资料而不是简单发放土地补偿补助费用；三是培训移民使其具有从配置的生产资料上获得收入的能力；四是实际工作中要注意区分哪些属移民补偿费用，哪些属发展费用，不能把发展部分的费用放在移民补偿的账上。

（二）前期补偿补助，后期扶持政策

有别于政治移民、赔偿移民的政策，基于当前我国经济发展水平提出，并随经济发展不断调整前期补偿水平和后期扶持力度。

（三）移民安置基本目标——使移民生活达到或超过原有水平

既是社会主义市场经济的基本要求，又是立党为公、执政为民理念的具体体现，也是落实科学发展观、建设和谐社会的必然要求。移民安置规划目标一般取人均资源占有量。

五、移民安置基本程序及主要工作内容

水利水电工程移民问题的有效解决有利于改善广大移民的生活质量，保障库区移民的生存和发展。文章主要对水利水电工程移民的几种安置方式进行了详细探讨，主要有农业安置、非农业安置、兼业安置以及自谋出路四种安置方式，以期为广大水利水电工程进行移民安置提供价值性的参考。

（一）前期工作阶段

中央审批的水利水电工程项目，移民安置规划设计按水利行业标准《水利水电工程建设征地移民安置规划设计规范》分四阶段编制，设计文件审核审批按水利部水规计项目建议书。编制征地移民安置规划设计篇章或专题报告。由水利部审查，国家发改委审批。

（二）可行性研究

编制移民安置规划大纲、征地移民安置规划设计专题报告或篇章。由移民安置规划大纲由省级人民政府和水利部联合审批，移民安置规划由水利部审查，国家发改委审批。

（三）初步设计阶段

编制征地移民安置规划设计专题报告。由水利部审批，国家发改委核定投资概算。

（四）技施设计阶段

编制征地移民安置规划设计工作报告。专项工程施工图设计文件可依据地方规定履行审批手续。中央审批的水电工程项目移民安置规划设计按电力行业标准《水电工程建设征地移民安置规划设计规范》分三阶段编制，按国家发改委相关规定实行核准制：

1．预可行性研究报告

编制建设征地移民安置初步规划报告，设计深度要求同水利项目建议书阶段。由水电水利规划设计总院技术审查。

2．可行性研究报告

编制移民安置规划报告，设计深度要求同水利行业初步设计阶段。由国家发改委核准。

3．移民安置实施阶段

编制移民安置验收综合设计报告，设计深度同水利行业技施设计阶段。专项工程施工图设计可依据地方规定履行审批手续。

六、移民生产安置规划

因各方面因素，水利水电工程建设征地造成了较多的遗留问题，甚至现在有的在建的水利水电工程，由于征地补偿方案缺乏科学性，补偿概算不足等因素，造成了一定的社会不安定因素，诱发了一些地区性的社会、经济不和谐的现象和问题。这一问题已引起业内人士的广泛关注。它既关系到征地移民的切身利益，也关系到地方经济发展的一次契机。移民安置方式对移民文化有着重大影响。

水利建设征地主要对农村影响较大，农村移民是水利工程建设征地实施中容易引发出不安定因素的群体。因此，妥善安置征地搬迁的移民，除了做好有关政策工作的同时，还需要做好实施安置的前期调查规划工作。

第一章 水利工程基本认识

（一）策略

（1）农村移民生产安置应贯彻开发性移民方针，以大农业安置为主，通过改造中、低产田，发展种植业，推广农业科学技术，提高劳动生产率，使每个移民都有恢复原有生活水平的物质基础。

（2）对有条件的地方，应积极发展村办企业和第三产业安置移民。

（3）对耕地分享达不到预定收入目标的地方，可向农业人口提供非农业就业机会。

（二）生产安置对象和任务

生产安置对象为因工程征地而失去土地的人口。

（三）安置目标

移民生产安置的目标是达到或超过原有的生活水平。由于工程的影响，征地区农民人均占有耕地将有不同程度的减少，如维持现有的生产条件，将会影响农民的收入，因此，要达到上述安置目标，必须采取生产扶持措施。考虑到征地区人均拥有耕地少，除了可采取以提高劳动生产率和单位面积产出率为途径的种植业生产措施外，还需大力开展养殖业和村办企业、第三产业，确保农民生活达到或超过原有的水平。

（四）安置标准

种植业安置。在农业生产条件较好、农作物产量高的地区，采取以推广农业科学技术、优化种植结构、扩大高效经济作物种植比例、提高农产品商品率、发展生态农业为主要途径的生产安置方式。有关资料表明，采取上述模式，农产品亩产值将有效提高，亩纯收入可增加400～500元。在农业生产条件有待改善的地区，采取以土地改良和加强农田水利建设，提高单位面积产量为主要途径的生产安置方式。根据地方实际情况测算，农业生产条件改善以后，中、低产田每亩可增加粮食产量150～170 kg、棉花产量25 kg，可增加农业纯收入300～400元。通过以上分析，项目区每安置一名农业人口，并使年纯收入达到2 750元的目标，至少要对10亩左右耕地进行农业生产模式的改造或农业生产条件的改善。为使征地区农民收入更有保障地达到预定目标，安置规划拟采用每改造或改善10～15亩耕地安置一名农业人口。对于少数人多地少的地区，因可供改造的耕地有限，将根据地方特色，调整种植结构，优先发展大棚蔬菜、林果花卉等经济作物，实现高投入、高产出，使移民生活保持原有水平或有所提高。

养殖业安置。因土地资源有限,通过种植业仍不能安置的农业人口,结合地区特色,发展养殖业。每村安置人数不超过20人,启动资金按2万元/人的标准控制。

二、三产业安置。在采取上述方式仍不能安置的农业人口,通过发展村办企业和第三产业进行安置。启动资金按3万元/人的标准控制。

第二章　水工建筑物的放样及变形观测

第一节　水工建筑物的放样

防洪排涝、灌溉发电等工程需修建水工建筑物，由若干个水工建筑物组成一有机整体，称为水利枢纽。

为了确保水工建筑物施工放样的质量，测量人员必须依据下列图纸资料进行工作：

（1）水工建筑物总体平面布置图、剖面图、细部结构设计图。

（2）水工建筑物基础平面图、剖面图。

（3）水工建筑物金属结构图、设备安装图。

（4）水工建筑物设计变更图。

（5）施工区域控制点成果。

要将设计图纸中任一水工建筑物测设到实地，都是通过测设它的主要轴线与一些主要点来实现的。测量人员要把水工建筑物具体转化为一些点、线，就必须熟悉水工建筑物的总体布置图、细部结构设计图等相关图纸，并详细核对相互部位之间的尺寸。在熟悉图纸与建立相关施工区域控制网的基础上，根据现场情况选择放样方法，并在放样过程中有可靠的校核。

本章以重力坝、拱坝、水闸、隧道为例，介绍水工建筑物施工中的具体放样工作。

一、重力坝的放样

一般混凝土重力坝施工放样工作包括：坝轴线的侧设，坝体控制测量，清基开挖线的放样和坝体立模放样等项内容。

（一）坝轴线的测设

混凝土坝的轴线是坝体与其他附属建筑物放样的依据，它的位置正确与否，直接影响建筑物各部分的位置。一般先在图纸上设计坝轴线的位置，然后计算出两端点的坐标以及和附近三角点之间的关系,在现场用交会法测设坝轴线两端点。

(二)坝体控制测量

混凝土坝的施工采取分层分块浇筑的方法,每浇筑一层一块就需要放样一次,因此要建立坝体施工控制网,作为坝体放样的定线网。坝体施工控制网一般有矩形网和三角网两种形式。

(三)清基中的放样工作

在清基工作之前,要修筑围堰工程,先将围堰以内的水排尽,再开始清基开挖线的放样。开挖点的位置是先在图上求得,然后在实地用逐步接近法测定的。

二、拱坝的放样

一种浆砌块石拱坝的放样任务主要是:将拱的内外圆弧测设到实地上,以便清基施工,以后每层都要进行圆弧放样,才能保证工程质量。常用的放样方法有:直接标定法、圆心角和偏角交会法、角度交会法。

三、水闸地放祥

水闸是具有挡水和泄水双重作用的水工建筑物,一般由闸身和上游、下游连接结构三大部分组成。闸身是水闸的主体,由闸门、闸底板,闸墩和岸墙等组成,闸身上还有工作桥和公路桥。闸身的进、出口和上、下游河岸及河床连接处均有连接构筑物,以防止水流的冲刷和振动,确保闸身的安全。上游、下游连接结构包括翼墙、护坦、消力塘、护坡及防渗设备等。

水闸的施工放样主要包括:确定中心轴线和建立高程控制;闸塘(基坑)的放样;闸底板的放样;上层建筑物的控制和放样。现以软土地基上的水闸为例,介绍施工放样的方法。

(一)中心轴线(主轴线)的确定和离程控制的建立

由引河的中心轴线(纵轴)与闸身的中心轴线(横轴)决定闸的位置,并以此作为施工放样的平面控制线。

根据施工总平面图进行实地查勘,了解原有控制点情况,熟悉地形与周围环境。测设中心轴线时,一般先在图上由控制点计算纵横轴两端点的放样数据,然后到现场测设。由于测量、制图、晒图等误差的影响,还需要根据河流的流向或上、下游引河的情况进行适当调整,初步定出轴线两端点的位置。再将经纬仪安置在两轴线的交点上，测量两轴线的交角是否等于90°，如不等于90°，需进行调整，其方法是固定一根轴线，移动另一根轴线，使其满足垂直的条件，最后确定两轴线的端点。

中心轴线的位置确定后，用木桩固定下来，上、下、东、西中即为某闸纵横中心轴线桩。轴线桩必须设在施工开挖区以外，为了防止木桩受施工影响而移动或损坏，须在两轴线两端的延长线上再分别引设一木桩，用以检查轴线桩的位置。

（二）闸塘的放样

闸塘的放样包括标定开挖线及确定开挖高程。

1．开挖线的放样

开挖线的位置，主要是根据闸塘底的周界和边坡与地面的交线来决定的。一般先绘制闸塘开挖图，计算放样数据，再到实地放样。开挖图可绘在毫米方格纸上，选用一定的比例尺，绘出闸塘底的周界，再按闸底高程、地面高程以及采用的边坡画出开挖线。

2．确定闸塘的高程

闸塘开挖到接近塘底高程时，一般要预留30～50 cm的保护层，在闸底板浇筑前再挖，以防止天然地基受扰动而影响工程质量。

开挖闸塘的高程确定分为两步：第一步，控制保护层的高程，需要随时掌握开挖深度。第二步，控制挖去保护层后的高程。高程测设误差不得大于±10 mm。

（三）闸底板的放样

闸底板是闸身及上、下游翼墙的基础，闸墩及翼墙浇筑或砌筑在闸底板上。闸孔较多的闸身底板，需分块浇筑。

1．翼墙底板的放样

翼墙底板为矩形和梯形时，也需要先算出各顶点的坐标，再到实地放样。如果为圆弧形时，除算出曲线起点和终点的坐标外，还应算出圆心的坐标。圆弧放样时，如果画心与圆弧在同一平面上，且半径不大时，则可定出圆心，用半径在实地画圆。如果圆心与圆弧不在同一平面上，而半径较大画圆弧有困难时，可用偏角法测设圆弧。如果曲线上各点高差较大量距困难时，可用两架经纬仪分别安置在曲线起点（或终点）和囱心上，用圆心角和偏角交会得圆弧上各点的位置。

2．浇筑混凝土时的高程控制

测设浇筑混凝土底板的高程时，一般在模板的内侧，定出若干点，使它们的高程等于底板的设计高程，在模板内侧四周钉上小钉（间距3～5 m），并涂以红漆作为标志。

3. 闸底板弹线

所谓弹线，就是在闸底板上弹出浇筑或砌筑闸墩、翼墙的控制线及位置线，这项工作在底板混凝土开始凝固时，就可进行。在闸底板上弹线，一般必须弹出闸底板中心线和闸孔中心线两根相互垂直的墨线，另外再弹一条与底板中心线平行的控制闸门门槛的墨线。

四、隧道的放样

在隧道施工中，尤其是山岭隧道，为了加快工程进度，一般由隧道两端洞口进行相向开挖。大型隧道施工时，通常还要在两洞口间增加平洞、斜井或竖井，以增加掘进工作面，加快工程进度。

隧道测量的任务是：准确测设出洞口、井口、坑口的平面位置和高程；隧道开挖时，测设隧道中线的方向和高程，指示掘进方向，保证隧道按要求的精度正确贯通；放样洞室各细部的平面位置与高程，放样衬砌的位置等。与地面测量工作不同的是，隧道施工的掘进方向在贯通之前无法通视，只能完全依据沿隧道中线布设的支导线来指导施工。因为支导线无外部检核条件，同时隧道内光线暗淡，工作环境较差，在测量工作中极易产生疏忽或错误，造成相向开挖隧道的方向偏离设计方向，使隧道不能正确贯通，其后果是必须部分拆除已经做好的衬砌，或采取其他补救措施，这样不但产生巨大的经济损失，还会延误工期。所以，在进行隧道测量工作时，除按规范要求严格检验校正仪器外，还应注意采取多种有效措施削弱误差，避免发生错误，使施工放样精度满足要求。具体要求可参考《公路隧道勘测规程》。

隧道测量按工作的顺序可以分为：洞外控制测量、洞内控制测量、洞内中线测设和洞内构筑物放样等。

（一）洞外控制测量

为保证隧道工程在两个或多个开挖面的掘进中，施工中线在贯通面上的 δ_u 及 δ_h 能满足贯通精度要求，符合纵断面的技术条件，必须进行控制测量。控制测量中的误差是指由测量误差引起在贯通面上产生的贯通误差，取上述容许误差的一半。由于贯通误差主要来源于洞外和洞内控制测量两个方面，因此，进行洞外控制测量精度设计时，要将贯通误差按误差传播定律分解为洞外和洞内的横向误差和高程误差，此过程称为贯通误差影响值的分配。

1. 洞外平面控制测量

洞外平面控制测量的主要任务是：测定各洞口控制点的相对位置，作为引测进洞和测设洞内中线的依据。一般要求洞外平面控制网应包括洞口控制点。建立洞外

第二章 水工建筑物的放样及变形观测

平面控制的方法有：精密导线法、三角锁法和GPS法等。下面分别介绍这三种方法。

（1）精密导线法

在洞外沿隧道线形布设精密光电测距导线来测定各洞口控制点的平面坐标。精密导线一般是采用正、副导线组成的若干个导线环构成控制网。主导线应沿两洞口连线方向敷设，每1~3个主导线边应与副导线联系。主导线边长一般不宜短于300 m，且相邻边长不宜相差过大。主导线须同时观测水平角和边长，副导线一般只测水平角。水平角观测宜用不低于6"级的经纬仪，以方向观测法为主。

（2）三角锁法

在洞外沿隧道线形布设单三角形锁来测定各洞口控制点的平面坐标。邻近隧道中线一侧的三角锁各边宜尽量垂直于贯通面，避免较大的曲折，测量三角锁的求距角不宜小于30°，起始边宜设在三角锁的中部（边角锁可以不做此要求）。

（3）GPS法

用GPS法测定各洞口控制点的平面坐标。由于各控制点之间可以互不通视，没有测量误差积累，因此特别适合于特长隧道及通视条件较差的山岭隧道。使用GPS测量方法建立洞外平面控制网的依据是《公路全球定位系统（GPS）测量规范》中的3.1.1条款规定：根据公路及特殊桥梁、隧道等构造物的特点及不同要求，GPS控制网分为一级、二级、三级、四级共四个等级。

2．洞外高程控制测量

洞外高程控制测量的任务：是按照测量设计中规定的精度要求，施测隧道洞口（包括隧道的进出口、竖井口、斜井口和坑道口）附近水准点的高程，作为高程引测进洞的依据。高程控制一般采用三、四等水准测量，当两洞口之间的距离大于1 km时，应在中间增设临时水准点。

如果隧道不长，高程控制测量等级在四等以下时，也可采用光电测距三角高程测量的方法进行观测。三角高程测量中，光电测距的最大边长不应超过600 m，且每条边均应进行对向观测。高差计算时，应加入两差改正。

（二）隧道施工测量

隧道施工测量的内容包括：隧道正式开挖之前测设掘进方向；开挖过程中，测设隧道中线和腰线，指示掘进方向；隧道开挖到一定的距离后，进行洞内控制测量；如要在隧道中间开挖竖井，则还需进行竖井联系测量等。

1．开挖施工测量

（1）隧道中线和腰线测设

洞口开挖后，随着隧道的向前掘进，要逐步往洞内引测隧道中线和腰线。中线控制掘进方向，腰线控制掘进高程和坡度。

①中线测设

一般隧道每掘进20 m左右时，就要测设一个中线桩，将中线向前延伸。中线桩可同时埋设在顶部和底部。

测设隧道曲线段中线桩时，因为洞内工作面狭小，不可能使用切线支距法或偏角法测设中线桩，一般使用逐点搬移测站的偏角法进行测设。

②腰线测设

高程由洞口水准点引入，随着隧道掘进的延伸，每隔10 m应在岩壁上设置一个临时水准点，每隔50 m设置一个固定水准点，以保证隧道顶部和底部按设计纵坡开挖和衬砌的正确放样。水准测量均应往返观测。

根据洞内水准点的高程，沿中线方向每隔5～10 m，在洞壁上高出隧道底部设计地坪1 m的高度标定抄平线，称为腰线。

（2）掘进方向指示

由于洞内工作面狭小，光线暗淡，在隧道施工中，一般使用具有激光指向功能的全站仪、激光经纬仪或激光指向仪来指示掘进方向。

当采用自动顶管工法施工时，可以使用激光指向仪或激光经纬仪配合光电跟踪靶，指示掘进方向。光电跟踪靶安装在掘进机器上，激光指向仪或激光经纬仪安置在工作点上并调整好视准轴的方向和坡度，其发射的激光束照射在光电跟踪靶上，当掘进方向发生偏差时，安装在掘进机上的光电跟踪靶输出偏差信号给掘进机，掘进机通过液压控制系统自动纠偏，使掘进机沿着激光束指引的方向和坡度正确掘进。

（3）开挖断面放样

如果采用盾构机掘进，因盾构的钻头架是专门根据隧道断面而设计的，可以保证隧道断面在掘进时一次成形，混凝土预制衬砌块的组装一般与掘进同步或交替进行，所以，不需要测量人员放样断面。

如果是采用凿岩爆破法施工，则每爆破一次后，都必须将设计隧道断面放样到开挖面上，以供施工人员安排炮眼，准备下一次爆破。开挖断面的放样是在中垂线和腰线的基础上进行的，它包括两边倒墙和拱顶两部分的放样工作。在设计图纸上一般都给出断面的宽度、拱脚和拱顶的标高、拱曲线半径等数据。侧墙的放样是以中垂线为准，向两边量取开挖宽度的一半，用红漆或白灰标出，即是侧墙线。拱形部分可根据计算上标注的尺寸放出圆周上的多点，然后连成圆弧。

（三）洞内控制测量

洞内控制测量包括平面控制和高程控制，平面控制采用导线法，高程控制采用水准测量。洞内控制测量的目的是为隧道施工测量择供依据。

1. 洞内导线测量

洞内导线通常是支导线，而且它不可能一次测完，只有掘进一段距离后才可以增设一个新点。一般每掘进20～50 m就要增设一个新点。为了防止错误和提高支导线的稍度，通常是每埋设一个新点后，都应从支导线的起点开始全面重复测量。复测还可以发现已建成的隧道是否存在变形，点位是否被碰动过。对于直线隧道，一般只复测水平角。

洞内导线的水平角观测，可以采用DJ2级经纬仪观测2测回或DJ6级经纬仪观测4测回。观测短边的水平角时，应尽可能减少仪器地对中误差和目标偏心误差。使用全站仪观测时，最好使用三联架法观测。对于长度在2 km以内的隧道，导线的测角中误差应不大于±5″，边长测量相对中误差应小于1/5000。

2. 洞内水准测量

与洞内导线点一样，每掘进20～50 m就要增设一个新水准点。洞内水准点可以埋设在洞顶、洞底或洞壁上，但必须稳固和便于观测。可以使用洞内导线点标志作为洞内水准点标志，也可以每隔200～500 m设置一个较好的专用水准点。每新埋设二个水准点后，都应从洞外水准点开始至新点重复往返观测。重复水准测量还可以监测已建成隧道的沉降情况，这对在软土中修建的隧道特别重要。

（四）竖井联系测量

竖井联系测量的目的：是将地面控制点的坐标、方位角和高程，通过竖井传递到地下，以保证新增工作面隧道开挖的正确贯通。

根据地面上已有的控制点把竖井的设计位置放样到地面上。竖井开挖过程中，其垂直度靠悬挂重锤的铅垂线来控制，开挖深度用长钢尺丈量。当竖井开挖到设计深度，并根据概略掘进的中线方向向左右两翼捆进约10 m后，就必须通过竖井联系测量将地面控制网的坐标、方位角和高程精确地传递到井下，为隧道施工测量提供依据。下面介绍方位定向中的一井定向，陀螺经纬仪定向及高程传递。

第二节　水工建筑物的变形观测

一、概述

水工建筑物在施工及运行过程中，受外荷作用及各种因素影响，其状态不断变化。这种变化常常是隐蔽、缓慢、直观不易察觉的,多数情况下,需要埋设一定的观测设备或使用某些观测仪器,运用现代科学技术,对水工建筑物进行科学的检查和观测,并对观测资料进行整理分析,以便了解其工作状态是否正常,有无不利于工程安全的变化,从而对建筑物的质量和安全程度做出正确的判断和评价,便于及时发现问题,采取措施进行养护修理或改善运行方式,确保工程的安全运行,充分发挥工程效益,为保证施工质量及安全运用提供科学依据;同时也为设计、施工和科学研究积累资料。

变形观测按其观测对象可分为地表变形观测和基础变形观测两种。建筑物及其基础是水利枢纽变形观测的主要对象,通过变形观测了解水工建筑物与基岩相互作用的形式和边界变形的范围和深度、建筑物的外形变化。变形观测一般包括:水平位移、垂直位移、固结和裂缝观测。而混凝土坝除水平位移、垂直位移和裂缝观测外,还有挠度和伸缩缝观测。

建筑物变形观测的任务是对建筑物及其基础进行定期或不定期的观测,得出周期间的变化量。它的观测频率取决于建筑物及其基础变形值大小、变形速度及观测目的,通常要求观测的次数既能反映出变化的过程,又不遗漏变化的时刻。如对基础沉陷的观测频率:在荷载的影响下,基础下土层的逐渐压缩使基础的沉陷逐渐增加。一般施工期观测频率大,有三天、七天、十五天三种周期;竣工运行后观测频率可小些,有一个月、两个月、三个月、半年及一年等不同的周期。

变形观测精度要求取决于该工程建筑物预计的允许变形值的大小和进行观测的目的。如果变形观测的目的是为了使变形值不超过某一允许的数值而确保建筑物的安全,则其观测中的误差应小于允许变形值的1/20~1/10;如果变形观测的目的是为了了解变形过程,则其观测中的误差应比这个数值小得多。

建筑物外部变形监测网即变形观测控制网,它是为建筑工程的变形观测布设的测量控制网。监测网中部分控制点应尽可能地埋设在变形影响之外或在比较稳固的基岩上(这种控制点称为基准点,它是测定变形点变形量的依据,每项工程至少建立三个基准点)。还有部分控制点应便于观测建筑物上的变形点(这种控制点是基准点和变形点之间的联系点,称为工作基点)。变形观测控制网一般是小型的、专用的、高精度的,具有较多的多余观测值的监测网。

水平位移监测网应根据观测任务的要求和目的以及现场条件,采用三角网、三边网、边角网、导线网和轴线等形式,一般采用独立坐标系。

垂直位移监测网可布设闭合环、结点或闭合水准路线等多种形式。

二、水工建物地位移观测

水工建筑物及其地基在荷载作用下将产生水平和竖直位移，建筑物的位移是其工作条件的反映，因此，根据建筑物位移的大小及其变化规律，可以判断建筑物在运用期间的工作状况是否正常和安全，分析建筑物是否有产生裂缝、滑动和倾覆的可能性。

水工建筑物的位移观测是在建筑物上设置固定的标点，然后用仪器测量出它在沿直方向和水平方向的位移。对于水平位移，通常是用经纬仪按视准线法、小角度法、前方交会法和三角网法来进行观测。对于竖直位移，则采用水准仪4连通管测量其高程的变化。对于混凝土建筑物（如混凝土坝、浆砌石坝等）还可用正垂线法、倒垂线法和引张线法进行水平位移的测量。在一些工程中也采用激光测量及地面摄影测量等方法进行水平位移的测量。为了便于对测量结果进行分析，竖直位移和水平位移的观测应该配合进行，并且在观测位移的同时观测上、下游水位。对于混凝土建筑物，还应同时观测气温和混凝土温度。

由于水工建筑物的位移，特别是竖直位移，在建筑物运用的最初几年最大，随后逐渐减小，经过相当一段时间后才趋于稳定。因此水工建筑物的位移观测在建筑物竣工后的2～3年内应每月进行1次，汛期应根据水位上升情况增加测次，当水位超过运用以来最高水位和当水位骤降或水库放空时，均应相应地增加测次。

（一）观测点的布置

为了全面掌握建筑物的变形状态，应根据建筑物的规模、特点、重要性、施工及地质情况，选择有代表性的断面布设测点，并且常常将观测水平位移的测点和观测竖直位移的测点设置在同一标点上。

1. 测点的布置

对于土坝，应选择最大坝高处、合龙段、坝内设有泄水底孔处和坝基地形地质变化较大的坝段布置观测断面，观测断面的间距一般为50～100 m，但观测断面一般不少于3个。每个观测横断面上最少布置4个测点，其中上游坝坡正常水位以上至少布置一个测点，下游坝肩上布置一点，下游坝坡上每隔20～30 m布置一点，或者是在下游坝坡的马道上各布置一个测点。

对于混凝土坝或浆砌石坝，在坝顶下游坝肩及坝址处平行坝轴线各布置一个纵向观测断面，每个纵向断面上，应在各坝段的中间或在每个坝段的两端布置一个测点。对于拱坝，可在坝顶布置一个纵向观测断面，纵向观测断面上每隔40～50 m设置一个测点，但是在拱冠、四分之一拱段和坝与两岩接头处必须设置一个测点。

水闸可在垂直水流方向的闸坝上布置一个纵向观测断面，并在每个闸墩上设置一个测点，或在闸墩伸缩缝两侧各设一个测点。

2．工作基点的布置

观测竖直位移的起测基点，一般布置在建筑物两岸便于观测且不受建筑物变形影响的岩基上或坚实的土基上，每一个纵向观测断面两端各布置一个。

观测水平位移的工作基点应布置在不受建筑物变形影响，便于观测的岩基上或坚实的土基上。对于采用视准线法观测的工作基点，一般设置在每个纵向观测断面的两端，为了校核工作基点在垂直坝轴方向的位移，在每一纵向观测断面的工作基点延长线上设置1～2个校核点。当建筑物长度超过500 m或建筑物长度为折线形时，为了提高观测精度，可在每个纵向观测断面中间设置一个或几个等间距的非固定工作基点。对于采用三角网按前方交会法观测的工作基点，可选择在建筑物下游两岸，使交会三角形的边长在300～500 m左右，最长不超过1 000 m，并使相邻两点的倾角不致太大。

（二）观测设备

1．位移标点

土工建筑物的位移标点，通常由底板、立柱和标点头3部分组成，对于有块石护坡的土工建筑物，可采用的位移标点的立柱由直径为50 mm的钢管制成，钢管的顶部焊接一块200 mm×200 mm×8 mm的铁板，铁板表面刻画十字线或钻一小圆孔，以便观测水平位移，同时在十字线的一侧焊接一个铜的或不锈钢的标点头，用以观测竖直位移。立柱设置在用砖石砌成的井围中间，井内填砂、砂面在标点头以下10 cm。立柱底部浇筑在厚度约40 cm的混凝土底板内，底板的底部应在护坡层以下的土层内，在冰冻地区，则应设置在最深冰冻线以下，对于无块石护坡的土工建筑物，则可采用的位移标点的结构比较简单，立柱和底板均用混凝土做成，在立柱顶面刻画十字线，在十字线一侧安设一个标点头。底板埋设深度不小于0.5 m，在冰冻地区应埋设在冰冻线以下。

混凝土建筑物的位移标点比较简单。对于只需观测竖直位移的标点，一般只需用直径15 mm，长80 mm的铜螺栓埋入混凝土中，而将螺栓头露出混凝土外面5～10 mm作为标点头。

2．观测觇标

观测水平位移的觇标可分为固定觇标和活动觇标。固定觇标通常设于后视工作基点上，用以构成视准线，多用于三角网法和视准线法的观测；活动觇标则设置在位移标点上，供经纬仪瞄准用。

3. 起测基点

起测基点可以设置在坚实的土基上，也可以设在岩基上，在砖石井圈内浇筑一个混凝土墩，墩底厚度约60 m，缉设在冰冻线以下50 cm，井内回填细砂。混凝土墩顶埋设一个铜制标点头，标点头露出混凝土表面0.5～1.0 cm，并高出地面50 cm。在岩基中埋入一个混凝土墩，墩中埋设标点，上部设置保护盖。

4. 工作基点

工作基点一般包括混凝土柱或混凝土墩和上部结构两部分，柱的顶面尺寸一般为0.3 m×0.3 m，柱的高度约1.0～1.2 m，底座部分的尺寸为1.0 m×1.0 m×0.3 m，可直接浇在岩基上，也可埋设在土基中，或土工建筑物上，对于埋设在土基上的工作基点，基点底座应埋入冰冻线以下。上部结构为柱（墩）身与经纬仪或觇标连接部分，根据其连接形式的不同，可分为支承托架式，中心直插式和中心旋入式。工作基点是供安置经纬仪和觇标以构成视准线的，埋设在两岸上坡上的工作基点称为固定工作基点，埋设在建筑物上的工作基点则称为固定基点。

三、水平位移观测方法

1. 引张线法

引张线法观测水平位移，多用于混凝土坝、砌石坝等建筑物，这种观测方法所需设备简单，不需精密的测量仪器，可以在建筑物的廊道内进行观测，因此不受气候的影响。引张线法是在建筑物观测纵断面的两端，不受建筑物变形影响的地方设立A、B两个基点，在基点之间拉紧一根钢丝作为基准线，然后在建筑物上设立几个测点，观测各测点相对于基准线的偏差值，即为测点的水平位移。引张线法所需的基本设备有测线、端点装置和测点3部分。

测线一般是采用直径0.2～1.2 mm不锈钢丝做成，两端固定在端点装置上。为了保证观测精度，保护测线不受外部因素的影响，测线通常都放置在直径10 cm的钢管或塑料管内。

端点装置由墩座、夹线装置、滑轮、线锤连接装置和重锤所组成。墩座一般用钢筋混凝土或金属做成，具有一定的刚度，并与地基牢固结合，以便能承受测线传来的张力。夹线装置是一块具有V形槽的混凝土板，槽口镶有铜片，以免损伤测线，槽顶盖有压板，并用螺丝旋紧，测线即被固定在V形槽内。

在安装夹线装置时，应使测线通过重锤经滑轮拉紧后高出V形槽底2 mm，并使V形槽中心线与测线一致，与墩座上的滑轮中心剖面在一个平面上。在非观测期间，重锤垫起，测线放松。

测点是一个固定在建筑物上的金属容器，每隔20～30 m设置一个，其中设有水箱和标尺。水箱内盛水，水面设有浮船，用以支托测线。

标尺是一条长15 cm的不锈钢尺，刻度至毫米，安置在一段槽钢表面，槽钢则固定在金属容器的内壁上，尺面水平，尺身与测线垂直。各测点的标尺应尽可能安盖在同一高程上，误差应控制在±5 mm。

观测时将重锤放下，使测线张紧，然后将夹线装置旋紧，并在水箱中加水。观测方法有读数显微镜法和两用仪观测法。

（1）读数显微镜法

先用肉眼在标尺上读取毫米以上整数，然后用读数显微镜观测毫米以下小数，即将显微镜的测微分划线对准该整数分划，读取测线左边缘和右边缘至该分划线的距离a和b，则钢丝（测线）中心线的读数为l=整数读数+（a+b）/2。一个测点的观测通常进行三个测回，三个测回的误差应不大于0.2 mm。

（2）两用仪观测法

首先将两用仪安置在测点上，旋转底脚螺旋，使水准气泡居中，然后转动望远镜复合系统，使成上视位置，同时旋转微动嫌旋对光螺旋，使望远镜光栏内的两根钢丝成像清晰，并重合，此时即可从读数镜内的游标尺上读出读数。

5．正垂线法

正垂线法多用于混凝土坝的水平位移观测，其方法是在坝体竖井或宽缝的上部悬挂一条直径0.8～1.0 mm的不锈钢丝，钢丝下部系有重为10～15 kg的重锤，重锤悬浮在高40～45 cm，直径40 cm的油箱内，箱内注入不冻的锭子油或变压器油。在重锤处于稳定状态时，钢丝则呈铅直位置；当坝体变形时，垂线也随着位移，因此若沿重线在不同高度设置观测装置，即可测得顶点相对于不同高程测点的水平位移。坝基点的读数与各高程测点读数之差，即为各高程测点与坝基测点的相对位移值，这种观测装置称为一点支承多点观测装置。如若沿垂线在坝体不同高程上埋设夹线装置，当垂线被某一高程的夹线装置夹紧，即可通过坝基观测点测得该点相对于坝基测点的相对位移，这种装置称为多点支承一点观测装置。

观测时将坐标仪放置在观测墩上，使仪器整平后照准垂线，然后读记纵横尺的观测值，取两次照准读数的平均值作为一次测回，每测点应进行两次测回，其误差应不大于0.1mm。

6．倒垂线法

倒垂线法的装置是将垂线的下端锚固在新鲜基岩内，垂线的上端通过连杆连接一个外径50 cm，内径25 cm，高33 cm的浮子，浮子悬浮在外径60 cm，内径15 cm，高45 cm的金属油桶内，在测点处设置混凝土观测墩或金属变架观测平台，墩（或平台）的中间有直径15 cm的圆孔，垂线从孔中穿过，墩顶（或平台面）装设观测仪器，当坝体变形时观测墩（或平台）随之位移，而垂线则不动，故通过观测仪器即可测出观测点的水平位移。

（四）竖直位移观测方法

建筑物竖直位移的观测方法通常采用水准仪观测法和连通管观测法。

1．水准仪观测法

水准仪观测法是在建筑物两岸不受建筑物变形影响的地方设置水准基点或起测基点，在建筑物表面的适当部位设置竖直位移标点，然后以水准基点或起测基点的高程为标准，定期用水准仪测量标点高程的变化值，即得该标点处的竖直位移量。每次观测应进行两个测回（往返一次为一个测回），每次测回对测点应测读三次。

2．连通管法

连通管法观测竖直位移是用连通的水管将起测基点和各竖直位移标点相连接，水管内的水面是一条水平线，观测时可先量出水面与起测基点的高差，算出水面线的高程，然后再量出各位移标点与水面线的高差，由此即可算出各位移标点的高程。将前后两次所测得的位移标点的高程相减，即得两次观测间隔时间内的位移量。如将该次测得的位移标点高程与初测的位移标点高程相减，即得该标点的累计位移量。

连通管可做成固定式的和活动式的。活动式的连通管是由外径1.4 cm，长120 cm的玻璃管、内径1.2 cm，长20 m的胶管和刻有厘米分划的刻画尺所组成，观测时由两人各执一根刻画尺，分别直立在两个相邻的测点上，读出管内水位的高度，两测点读数之差即为两点的高差。

（五）GPS和全站仪在大坝监测中的应用

近年来，随着GPS和全站仪在工程中的普遍应用，利用GPS和全站仪进行大坝变形观测也出现了很多新方法和新技术。

1．GPS在大坝变形监测中的应用

美国陆军工程师协会和Condor公司在蒙大拿州西北的发电能力为525兆瓦的Libby水电站大坝上安装了一套3D tracker实时GPS监测系统。

这个监测系统由布置在大坝坝顶的混凝土桩上的六个测点和两个GPS基准点构成。一个GPS基准点位于大坝左肩的山顶上，另一个位于大坝右肩上游与坝顶海拔基本相同的一块隆起的岩石上。这样操作人员能够很容易地给大坝上的每个测点分别建立两条独立的基线，同时也能通过计算两基准点间的基线完整地观测基准点。基线的长度从100m到1km不等。实时数据可以在位于Libby大坝的仪器室直接处理，也可以通过局域网传输给西雅图的美国陆军工程师协会办公室。在天空能见度比较

高时，GPS实时观测得到的数据水平观测和垂直观测的精度大约为2～4 mm，24 h时段观测精度能达到1～2 mm。工程师协会的工程师们将这些数据与通过其他技术（包括铅垂线和裂缝计）观测得到的数据相比较，第一年的观测结果显示GPS和铅垂线数据非常吻合。

运用这两个GPS基准点，能对大坝上的每个测点使用两套独立的方法计算。因为GPS的精度是绝对的，所以这两个独立的测量结果能不断地与系统标准精度比照，从而提供完整的观测。长期观测比照是由相关变形组成的。大坝上每个测点的两个独立过程之间的极小的误差增强了人们对测点测量精度的信心。两个独立方案之间的差别能提醒操作人员注意，并找出有偏差方案的成因。在Libby大坝，两个基准点的计算成果在GPS允许的误差范围内彼此吻合。

为了确保长期观测的精度，GPS监测系统必须有稳定参照标石和为每个GPS基准点观测连续坐标的方法。如果所观测的建筑物有可能发生位移，基准点的精确测量结果必须能够正确诊断其是否真正发生，消除它传播错误信息的可能。对于GPS系统的表现可以从三个全面的指标来评价，分别是：系统错误分析、重复数据分析和计算结果精度分析。Libby大坝都已明确这三个指标，这使操作人员监测大坝位移的精度达到几个毫米。

2. 全站仪在大坝变形监测中的应用

瑞士徕卡公司推出的新型测绘仪器——TCA自动化全站仪，又称"测量机器人"，它以其独有的智能化、自动化性能让用户轻松自如地进行大坝外部变形的三维位移监测。徕卡TCA全站仪能够自动整平、自动调焦、自动正倒镜观测、自动进行误差改正、自动记录观测数据，而其独有的测量模式，使全站仪能进行自动目标识别，操作人员不再需要精确瞄准和调焦，一旦粗略瞄准棱镜后，全站仪就可搜寻到目标，并自动瞄准，大大提高工作效率。

自动极坐标实时差分测量系统主要是采用差分技术，它实际上是在一个测站上对两个观测目标进行观测，将观测值求差；或在两个测站上对同一目标进行观测，将观测值求差；或在一个测站上对一个目标进行两次观测求差，求差的目的在于消除已知的或未知的公共误差，以提高测量结果的精度。在大坝变形监测过程中，受到了许多误差因素的干扰，如大气垂直折光、水平折光、气温、气压变化，仪器的内部误差等等，直接求出这些误差的大小是极其困难的，故可采用差分的方法以减弱或消除这些误差，提高测量的精度。

自动极坐标差分测量系统由TCA自动化全站仪、仪器墩、通讯及供电设备，控制计算机，监测点及专门软件组成。

在该系统中，控制机房内部的控制计算机通过电缆与监测站上的TCA自动化全站仪相连，全站仪在计算机的控制下，对基岩上的基准点及被监测物上的变形点自动进行测量，观测数据通过通讯电缆实时输入计算机，用软件进行实时处理，结果按用户的要求以报表的形式输出，故监测人员在控制机房就能实时地了解全站仪的运行情况。

该系统的测量原理为：每个测量周期均按照极坐标的原理分别采集基准点和变形点的斜距、水平角、天顶距，将基准点的测量值与其真实值（通过建立基准网得到）相比，有差值，该差值可认为是受到各种因素影响的结果，但由于全站仪的自动化测量，测完一周期只需要10 min，则可认为上述诸因素对基准点和变形点的影响是相同的，同过计算得到变形点的实际坐标，根据两周期的实际坐标差，就可求出变形点的三维位移量。

三、土坝的固结观测

为了掌握土坝在施工期和运用期的固结情况及其变化规律，需要进行土坝的固结观测。由于土坝单位厚度土层的固结量是随坝高而变化的，所以除了要观测坝体的总固结量之外，还要观测坝体不同高程处的沉陷量，以推算出坝体分层固结量。

土坝固结的观测，是在坝体中不同高处埋设横梁式固结管或深式标点，观测出各测点的高程变化，用以推算出坝体各分层的固结量。

固结观测的观测断面布置，应根据工程的重要性、地形地质情况、施工情况来决定，一般应选择在原河床断面、最大坝高断面和合拢段。每座坝至少应选择2个观测断面，每个断面埋设2～3根固结管或深式标点组。每根固结管或深式标点组的测点间距为3～5 m，最小间距不小于1 m，固结管最下一节横梁应该在坝基表面，以兼测坝基沉陷量。

深式标点：深式标点是由底板、与底板相连的标杆和套管三部分组成，底板是一块边长1～1.5 m，厚40 cm的混凝土板，或厚10 mm的铁板。标杆是一根直径50 mm的铁管，下端固定在底板上，套管是直径100 mm的铁管。当填土超过底板预计的埋设高程50 cm时，挖一方坑埋设底板及第1节标杆，以及第1节套管，套管底距底板表面为20～50 cm，埋设完第1节标杆后，随即测出底板高程及第1节标杆顶部高程，并算得管顶到底板的距离。随着填土高度的增加，再依次埋设上部各节标杆及套管，标杆在套管内用弹性钢片或导环支持。每次安装标杆前应测出原标杆顶的高程，安装完新标杆后，再测出新标杆顶的高程，算出已安装的标杆长度，依次累计，到竣工时即可算得整个标杆的长度。每次用水准测量测出标杆顶高程后，减去标杆长度，即为底板高程，两次测得的底板高程差，即为间隔时间内底板的沉陷量。

四、水工建筑物的裂缝观测

（一）水工建筑物的裂缝观测

对于水工建筑物上的裂缝，当缝宽大于5 mm，或缝宽虽小于5 mm，但缝长和缝深较大，或者是穿过建筑物轴线的裂缝，以及弧形缝、竖直错缝，均须进行观测，掌握裂缝的现状和发展，以便分析裂缝对建筑物的影响和研究裂缝的处理措施。

水工建筑物的裂缝观测，首先应将裂缝编号，然后分别观测裂缝所在的位置、长度、宽度和深度。裂缝长度的观测，可在裂缝两端打入小木桩或用石灰水标明，然后用皮尺沿缝迹测量出缝的长度。裂缝宽度的观测，可选择有代表性的测点，在裂缝两侧每隔的50 m打入小木桩，桩顶钉有铁钉，用尺量出两侧钉头的距离及钉头距缝边的距离，即可算出裂缝的宽度。钉头距离的变化量就是裂缝的变化量。裂缝深度的观测可采用钻孔取土样的方法进行观测，也可采用开挖深坑和竖井的方法观测裂缝的宽度、深度和两侧土体的相对位移。

（二）混凝土建筑物的裂缝观测

混凝土建筑物的裂缝观测包括裂缝的分布、裂缝的位置、长度、宽度和深度，对于漏水的裂缝，还应同时观测漏水的情况。裂缝的观测应与混凝土温度、气温、水温和建筑物上游水位等的观测同时进行。在裂缝发生的初期，一般每天观测一次，裂缝发展变慢后可减少观测次数；在气温和上游水位有较大变化时，应增加观测次数。

裂缝的位置和长度的观测，通常是在裂缝两端用油漆做上标志，然后将混凝土表面画上方格来进行量测。裂缝的宽度可用放大镜观测，并可在裂缝的两侧埋设标点，用游标卡尺测定标点的间距，以分析缝宽的变化。裂缝的浓度一般采用金属丝探测，也可采用直声波探伤仪、钻孔取样和孔内电视照相等方法观测。

五、混凝土建筑物伸缩缝的观测

混凝土建筑物伸缩缝的观测，一般是选择建筑物高度最大、地质条件复杂和进行应力应变观测的地段布置测点，测点可设置在建顶部和下游表面，以及廊道内，每条伸缩缝上不少于2个测点。

伸缩缝的变化是通过在测点处埋设金属标点或差动式电阻测缝计来观测的。差动式电阻应变计的工作原理与电阻应变计相同，在浇筑建筑物混凝土的同时埋设。在埋设时，首先在较高的浇筑块中埋入套管，然后当低浇筑块的混凝土上升后，将测缝计旋入套管内，再回填混凝土。

六、建筑物变形观测资料的整理

（一）土工建筑物变形资料的整理

土工建筑物，例如土坝，在建成初期水库蓄水后，由于作用在上游坝坡上的水荷重、坝体土料的湿陷等的作用下，会产生向上游方向的水平位移，随后在水压力作用下又将产生向下游方向的位移。同时在自重及荷载作用下，也将产生竖直位移（沉陷）。而土料在固结过程中由于土层厚度的逐渐减小，上下游坝坡也会产生向坝址方向的水平位移。这些变形中有其一定的规律性，如果变形是在一定的范围内，不会影响建筑物的正常工作和安全。所以将建筑物的变形观测资料加以整理，可以分析变形是否正常，对建筑物会产生什么样的影响，是否会危害建筑物的稳定和安全，以及需要产生什么样的安全保护措施。

1．水平位移观测资料的整理

土工建筑的水平位移观测资料通常可以按下列方式进行整理。

（1）水平位移过程线

以观测标点的水平位移为纵坐标，以时间为横坐标，绘制水平位移过程线。在水平位移过程线图上，通常还画上相应的水库水位过程线，以便对照分析。

（2）累计水平位移变化曲线

以历年水平位移值或相对值（历年水平位移累计值与坝高之比）为纵坐标，以时间为横坐标，绘制累计水平位移变化曲线。

（3）水平位移分布图

以水平位移观测断面为横坐标，以水平位移为纵坐标，按一定比例尺将各测点的水平位移标于建筑物平面上，即可绘制成水平位移分布图。

（4）水平位移沿高程分布图

以同一次观测的断面各高程测点的水平位移为横坐标，测点的高程为纵坐标，即可绘制成土坝水平位移沿高度的分布图。

2．竖直位移观测资料的整理

土工建筑物竖直位移观测资料可整理成以下形式：

（1）竖直位移过程线

以某一观测标点的累计竖直位移或相对竖直位移'（竖直位移与现高比值的百分率）为纵坐标，时间为横坐标，绘制成竖直位移过程线。

（2）纵断面竖直位移分布图

以纵向观测断面为横坐标，以断面上各测点竖直位移为纵坐标，绘制纵断面竖直位移分布图。

（3）横断面竖直位移分布图。以横向观测断面为横坐标，以横断面上各测点竖直位移为纵坐标，绘制横断面竖直位移分布图。

（4）竖直位移等值线图。在建筑物平面图内各测点位置上，标出其相应的竖直位移（沉陷）值，并将竖直位移相等的各点连成曲线，即可绘制成竖直位移等值线图。

（二）混凝土建筑物变形观测资料的整理

混凝土建筑物在自重、外荷载和温度变化的作用下将产生水平和竖直位移，特别是在水库水位升降或温度骤然变化时，都会立即产生变形，这些变形具有一定的特点和规律性，如以混凝土坝为例。

（1）水平位移的变化具有一定的周期性，一般是每年夏季坝体向上游方向位移，冬季向下游方向位移。

（2）水平位移随库水位的升降而变化，一般是同步发生的。而且水压力所引起的水平位移都是向下游方向的。

（3）温度对坝体水平位移的影响，随坝型、坝体厚度、水库水位的不同而有一定的滞后作用，例如新安江宽缝重力坝滞后90 d，陈村重力拱坝滞后30～90 d。

（4）对水平位移而言，在坝体的上部，温度变化的影响较大，水压力的影响较小；在坝体的下部，温度变化的影响减小，水压力的影响增大。

（5）拱坝的切向位移和重力坝的纵向（沿坝轴向）位移远小于径向位移和上、下游方向的位移值，例如陈村拱坝的切向位移为径向位移的20%。

（6）竖直位移的大小与建筑物的高度、水库的水位、温度的变化和坝基的地质情况有关。对于同一座坝，最高坝段的竖直位移较岸坡坝段大；测点位置愈高，竖直位移也愈大。温度增高，混凝土膨胀，故坝体升高大于温度下降，混凝土收缩，故坝体下降。水库水位的变化将引起坝体温度和应力的变化，因而影响坝体竖直位移的变化。地质条件愈好，竖直位移愈小，反之则愈大。

1. 水平位移资料的整理

（1）水平位移过程线

以时间为横坐标，以测点的水平位移为纵坐标，即可绘制成水平位移过程线。

（2）挠度曲线

以横坐标表示水平位移，以纵坐标表示测点高程，即可绘制成表示同一垂线上各测点水平位移的挠度曲线。

（3）水平位移分布图。以纵向观测断面为基线，将各测点的水平位移按一定比例尺标于图上，则可绘制成水平位移分布图。

2．竖直位移观测资料的整理

混凝土建筑物竖直位移观测资料可整理成竖直位移过程线、累计竖直位移变化曲线和竖直位移分布曲线。

3．伸缩缝观测资料的整理伸缩缝宽度的观测资料的整理

（1）伸缩缝宽度变化过程线

以横坐标表示时间，纵坐标表示缝宽，即可绘制成伸缩缝宽度过程线。

（2）伸缩缝宽度与气温关系曲线

伸缩缝宽度的变化与气温有密切关系，如以横坐标表示伸缩缝宽度，以纵坐标表示气温，即可绘制成伸缩缝宽度与气温的关系曲线。

第三章 水利水电质量管理与环保安全

质量是产品的生命，是工程项目建设管理最重要的目标。质量管理理论与方法的发展经过了以下三个阶段：

（1）质量检验阶段

在产品生产完成后对产品质量进行抽查，剔除其中不合格的产品，保证出厂产品的质量。这一阶段主要是实行"事后管理"，因此，增大了质量成本，且对质量的提高效果不大。

（2）质量统计阶段

随着数理统计技术的发展，人们把数理统计技术用于产品质量的统计，质量管理不仅需要事后把关，更需要事先预防，这对制定质量控制标准、生产人员的技能要求有所提高。

（3）全面质量控制阶段

在系统思想的指导下，运用全面质量的概念，综合利用数学方法、计算机技术对生产过程进行全面管理，不仅仅局限于生产制造过程，还必须贯穿于企业生产经营活动的全过程。

全面质量控制简称TQC，以后的学者在此基础上引入人文化、社会化管理的概念与思想，将其发展为全面质量管理——TQM，并广泛运用到社会生产的各个领域。同时，各个行业结合其质量管理的标准化与企业建设，推行企业贯标，进行企业的ISO系列认证。

实行事先控制是全面质量管理的一个主要特点，包括对生产质量与产品质量控制两个方面，也就是用合格的方法生产出合格的产品，因此这对安全文明施工提出更高的要求，而从社会化大生产、可持续发展的角度来说，项目的建设一定要符合环境保护和生态保护的要求。

第三章　水利水电质量管理与环保安全

第一节　基本概念

一、基本术语

（一）质量

质量是反映产品或服务满足明确或隐含需要能力的特征和特性。

质量主体是实体，实体可以是活动或过程，可以是由承包商履行施工活动的过程，也可以是活动或过程结果的有形产品，如建成的水电站、大坝或无形产品等，为工程项目的规划与设计等；也可以是某个组织、体系或个人以及它们的组合。

质量的主体不仅包括产品，而且包括活动过程、组织体系或人以及它们的组合。满足明确或隐含需要不仅是针对项目参与人，还应考虑社会的需要，符合国家的有关法律、法规要求。

工程项目质量是国家现行的有关法律、法规、技术标准、设计文件及工程合同中对工程安全、使用、经济、美观等特性的综合要求。它是在"合同环境"下形成的，合同条件中对工程项目的功能、使用价值及设计、施工质量有明确的要求，是工程项目质量的内容。

工程项目的质量还包括服务的质量，如咨询、设计、投标中的服务时间、服务能力、服务态度、施工中的工期、现场的面貌、同其他劳动者的协作配合、工程竣工后的保修等。

由于工程项目是一次性的，项目的质量定义是一个渐进的过程，工程项目的建设过程是不可逆的，因此，当工程出现质量问题时，则不能重新恢复原状，最终甚至可能导致工程的报废。

（二）质量管理

质量管理是指确定质量方针、目标和职责，并在质量体系中通过质量策划、质量保证和质量控制等，使其实施的全部管理职能与活动。

质量管理包括为实现质量目标而制定的总体计划、资源配备及其他与质量活动有关的系统活动，如质量计划、作业和评价等。为达到规定的质量目标，应要求全体职工参加有关活动并为之承担相应的责任，但质量管理的责任应由最高领导者承担。

（三）质量方针

质量方针是由质量管理专家制定，为最高管理者完全支持，有关机构的最高管理者正式颁布的总的质量宗旨和质量方向。质量方针必须表明质量目标和为组织所承认的质量管理层次，体现了该组织成员的质量意识和质量追求，是组织内部的行动准则，也体现了用户的期望和对用户作出的承诺。质量方针的履行是最高管理者的责任，最高管理者必须遵循诺言。

（四）质量体系

质量体系是为实施质量管理而所需的组织机构、职责、程序、过程和资源构成的有机整体。简而言之，质量体系就是为了达到质量目标所建立的综合体。为了履行合同和法令，或进行评价，可要求供方提供实施体系要素的证明。

（五）质量控制

质量控制是为满足质量要求所采取的作业技术和活动，这类活动包括持续的控制过程，识别和消除产生问题的原因，使用统计过程控制、减少质量波动，增加管理过程的效率。质量控制的目的在于保证组织的质量目标能得到实现。

质量控制贯穿于质量形成的全过程、各环节。质量控制体系包括选择控制的对象，建立标准作为选择可行性方案；按此基准，确定控制技术方法，能作实际结果与质量标准的对比，根据所收集的信息对不符合要求的工作过程或材料作出纠正。

（六）质量保证

质量保证是指为努力确保移交的产品或服务达到所要求的质量水平而计划并实施的正式活动和管理过程。

为了实现有效的质量保证，通常应对那些影响设计和规范正确性的要素进行连续性评价。此外，还应对生产、安装、检验工作进行验证和审核。为取得对方的信任，可能还需要提供证据。项目经理需要建立必要的管理过程和程序，确保和证明项目范围的说明与顾客的实际要求相一致，保证项目收益人对项目质量活动能正确履行充满信心，同时必须符合有关的法律法规。

在企业内部，质量保证是一种管理手段；在合同环境中，质量保证还是供方取得对方信任的手段。

二、质量的影响因素

（一）建设各方的责任和影响

水利水电工程具有投资大、规模大、建设周期长、建设环节多、参与方多等特点，影响质量的因素非常多，任何一个环节的问题都会对最终的工程质量造成影响。工程项目建设过程中，建设各方在质量方面出现的问题主要有以下几个方面：

1．建设单位

建设单位行为不规范，直接或间接导致工程质量事故的情况时有发生。一些建设单位为了自身的经济利益，明示或暗示承包单位违反国家强制性标准的要求，降低工程质量标准，如将工程发包给不具备相应资质等级的施工单位承包施工；指示施工单位使用不合格的建筑材料、构配件和设备；将项目分包给质量保证能力差的企业等。

2．勘察单位

勘察没能达到建设阶段的要求深度，提供的水文、地质等资料不准确全面；勘察不具备相应的资质条件，不满足工程建设强制性标准的要求，不能满足建设工程在安全、卫生、环保及公众利益等诸多方面的质量要求。

3．设计单位

设计计算错误，方案没深入审查讨论，设备选型不合理，不具备相应的设计资质条件，不满足工程建设强制性标准的要求，设计不能满足建设工程在安全、卫生、环保及公众利益等诸多方面的质量要求。

4．施工单位

不按照工程设计图纸和施工技术标准施工，擅自修改工程设计，偷工减料，违反施工技术要求盲目缩短工期等。

5．监理单位

不严格依照法律、法规以及有关技术标准、设计文件和建设工程承包合同对工程质量实施监理，故意弄虚作假，降低工程质量标准；材料实验手段不强等。

（二）影响工程质量的因素

从系统的角度对影响质量的因素进行分析，工程项目质量的影响因素可概括为"人"（Man）、"机"（Machine）、"料"（Material）、"法"（Method）、"环"（Environment）等五大因素，简称4M1E。

1．人（Man）

人是指直接参与工程建设的决策者、组织者、指挥者和操作者。为了确保工程质量，应调动工程参与人员的主观能动性，增强人的责任感，达到以人的工作质量确保工程质量的目的。除了采取加强职工政治思想教育、劳动纪律教育、职业道德教育、专业技术知识培训、健全岗位责任制、改善劳动条件的措施以外，还应根据工程项目的特点，从确保质量出发，本着适才应用、关键部门和工种选用优秀人才，严把质量关。

此外，应严格禁止无技术资质的人员上岗操作。总之，人的因素控制应从政治素质、思想品德素质、业务素质和身体素质等方面综合分析，全面控制。

2．机械（Machine）

包括机械设备与质量检测仪器设备两个方面。机械设备包括生产机械设备和施工机械设备两大类：生产机械设备是工程项目的组成部分；施工机械设备是工程项目实施的重要物质基础。在质量控制过程中，要从生产机械设备的型号、主要性能参数、使用与操作要求、施工机械设备的购置、检查验收、安装质量和试车运转加以控制，以保证工程项目质量目标的实现。

3．材料（Material）

材料包括原材料、成品、半成品、构配件，是水利水电工程施工的物质条件，是工程质量的基础。材料的质量直接影响工程的质量，材料质量不符合要求，工程设备质量也就不可能符合标准。加强材料的质量控制，是提高工程质量的重要保证；是创造正常施工条件，实现项目建设质量、进度和投资三大目标控制的前提。

材料质量控制的内容主要有：严格按材料的质量标准检验和验收材料，按材料的取样标准取样，按材料的标准试验方法进行检验，严格按设计要求选择和使用材料，对凡不符合材料质量标准要求的材料坚决不许使用。

4．方法（Method）

方法包含工程项目整个建设周期内所采取的技术方案、工程流程、组织措施、计划与控制手段、检验手段、施工方案等各种技术方法。方法是实现工程项目的重要手段，无论工程项目采取哪种技术、工具、措施，都应结合工程实际，从技术、组织、管理、经济等方面进行全面分析、综合考虑，确保施工方案技术上可行、经济上合理，且有利于提高施工质量。

5．环境（Environment）

影响工程项目质量的环境因素很多，如社会环境、工程技术环境、工程管理环境、劳动环境等。环境因素对工程质量的影响，具有复杂而多变以及不确定性的特点。

对环境因素的控制，关键是充分调查研究，及时做出预报和预测，针对各个不利因素以及可能出现的情况，做好相应预测，及时采取对策和措施。

除了上述的4M1E外，影响质量的主要因素还包括资金（Money），有了必要的资金投入，才较容易避免偷工减料、以次充优等问题的出现。

三、质量成本

（一）定义

质量成本不同于工程成本，它是指施工单位为了保证工程质量能满足设计要求和用户需要所做出的各项努力的费用，以及由于工程质量问题而造成的损失和进行返修赔偿等所消耗的费用的总和。而工程成本则是指工程材料费用、施工前准备费用、施工费用和管理费用的总和。

质量成本应将质量水平和成本水平联系起来考察。质量成本主要由素质成本、鉴定费用、损失成本组成，即

$$质量成本=素质成本+鉴定成本+损失成本$$

素质成本，又称预防成本，是为了提高和保证工程质量，防止出现预料的质量问题而进行的一系列提高质量管理素质的全部费用，包括管理费用、改进工程质量的费用和教育培训费用。

鉴定成本是指在施工准备阶段和施工阶段，对使用的材料和工程施工质量进行鉴定、评价所需的费用，包括来料检验费、工序质量检验费、质量监督部门的检查费、竣工检查验收费、试验及检测设备费用和管理费。

损失成本包括施工期损失成本和竣工后损失成本。施工期损失成本包括因工程质量存在问题或因产生质量事故所造成的损失，以及对上述质量问题和事故处理所造成的损失，又称内部损失成本。竣工后损失成本是指工程交工后发生质量事故所造成的损失费用，包括质量问题的调查费、质量问题的返修处理费及质量处罚费等，又称外部损失成本。

（二）项目目标

质量的提高，往往伴随着预防成本和鉴定成本的相应提高以及损失成本的下降。因而，在满足要求的前提下，选择合理的、适当的质量水平是降低质量成本的重要途径。对于整个建设项目而言，要从宏观上、项目目标上把握成本、质量和进度的关系，这点在国际工程中尤为重要。盲目的追求高速度，会影响工程质量，带来更高的损失成本。在确定质量成本管理目标之后，质量成本管理才会更为有效。

四、质量保证体系

（一）项目的质量保证体系

在工程项目施工中，质量保证有两层含义：一是指施工承包商在工程质量方面对业主作的一种担保，因此质量保证具有保证书的含义；二是指施工承包商为保证工程项目施工质量所必需的全部有组织、有计划的活动。

质量保证体系是指施工承包商为保证工程质量满足规定的或潜在的要求，运用系统的观点和方法，将参与施工及其管理的各部门和人员组织起来，明确他们在保证施工质量方面的任务、责任、权限、工作程序和方法，从而形成一个有机的质量保证体系。

1．质量保证体系的主要内容

质量保证体系的主要内容有：

有明确的质量方针、质量目标和质量计划；

建立严格的质量责任制；

设立专职质量管理机构和质量管理人员；

实行质量管理业务标准化和管理流程程序化；

开展群众性的质量管理活动；

建立高效灵敏的质量信息管理系统。

2．工程施工项目质量保证体系组成

工程施工项目质量保证体系一般由下列子体系组成：

（1）思想保证子体系

要求参与施工项目施工和管理的全体人员树立质量第一、用户第一及下道工序是用户、服务对象是用户的观点。

（2）组织保证子体系

包括承担施工任务的承包商的质量保证（管理）机构、业主或监理工程师单位的质量监控机构。

（3）工程保证子体系

包括辅助过程质量保证子体系、施工现场质量保证子体系（还可再分为建筑工程质量保证子体系和安装工程质量保证子体系）和使用过程质量保证子体系。

监督施工承包商建立完善的质量保证体系是监理工程师质量监控的重要任务之一。

（二）质量保证体系标准

水利工程项目的质量管理需要贯彻执ISO9000质量保证体系标准。ISO9000质量保证体系的定义是"为实施质量管理所需的组织机构、程序、过程和资源"，这就是说组织机构、职责、过程、程序和资源这五个方面组成了实现质量管理的一个有机的整体。

第二节 全面质量管理

一、基本思想

工程施工中的全面质量管理，一般是指施工承包商将施工项目作为整体，依靠全体人员综合运用现代管理方法和科学技术，控制影响施工质量的各项因素，生产出让业主满意的工程产品的管理活动的总称。它是20世纪60年代出现在美国的管理方法，主要有以下几个特点：

（1）全面质量的概念

就质量而言，不仅包括产品质量，也包括生产产品的工作质量，以及质量成本。

（2）全员参与的管理

从决策层到执行层，从技术人员到管理人员、后勤服务人员，都要参与质量管理，提高质量意识，贯彻质量第一的方针。

（3）全过程控制

从产品的市场调查、设计、实验室生产、试推销、批量生产、售后服务都要提高质量。对工程项目而言，就是从规划、勘测设计、施工、制造、运行管理都要控制与提高质量。

（4）多手段的应用

运用一切技术发展的最新成果与手段进行质量控制工作，如运用数理统计技术、运筹学、信息处理技术及先进的探测检验技术进行质量管理工作。

（5）质量管理工作规范化标准化

将成熟的技术进行归纳整理，形成技术规范与施工方法，同时推行企业贯标工作，使质量管理工作本身得到规范。

全面质量管理将"事后控制"变为"事前预防或提高"，将对产品质量的控制变为对生产过程的控制，将原来专门人员进行的工作变为整个企业运行的方针。

二、PDCA循环

实行质量的全面管理，不是局限于生产制造过程，而是必须贯穿于企业生产经营活动的全过程。比如产品的质量生命周期包括从市场调查—设计—实验室生产—试推销—批量生产与售后服务—市场调查的过程。戴明环，又称PDCA循环，是美国质量管理专家E.戴明博士首先提出的全面质量管理所应遵循的科学程序。质量寿命期的全部过程，都应遵循PDCA的科学程序，周而复始地运转。

将质量管理过程可为四个阶段，即计划、执行、检查和实施，简称PDCA循环。这是管理职能循环在质量管理中的具体体现。

（一）计划制定阶段——P阶段（Plan）

计划制订阶段的总体任务是确定质量目标，制订质量计划，拟定实施措施。具体分为四个步骤：第一，对质量现状进行分析，找出存在的质量问题；第二，分析造成产品质量问题的各种原因和影响因素；第三，从各种原因中找出影响质量的主要原因；最后，针对影响质量问题的主要原因制定对策，拟定相应的管理和技术组织措施，提出执行计划。

（二）计划执行阶段——D阶段（Do）

计划执行阶段，按照预定的质量计划、目标和措施及其分工去实际执行。

（三）执行结果检查阶段——C阶段（Check）

执行结果检查阶段，对实际执行情况进行检查，寻找和发现计划执行过程中的问题。

（四）处理阶段A阶段（Action）

处理阶段，对存在的问题进行深入的剖析，确定其原因，并采取措施。此外，在该阶段还要不断总结经验教训，以巩固取得的成绩，防止发生的问题再次发生。

PDCA循环的特点有以下三个：

（1）各级质量管理都有一个PDCA循环

形成一个大环套小环，环环相扣，互相制约，互为补充的有机整体。一般地说，在PDCA循环中，上一级循环是下一级循环的依据，下一级循环是上一级循环的落实和具体化。

（2）每个PDCA循环

都不是在原地周而复始运转，而是像爬楼梯那样，每一循环都有新的目标和内容，这意味着质量管理，经过一次循环，解决了这一批问题，质量水平有了新的提高。

（3）在PDCA循环中

A是一个循环的关键，这是因为在一个循环中，从质量目标计划的制订、质量目标的实施和检查，到找出差距和原因，只有采取一定措施，使这些措施形成标准和制度，才能在下一个循环中贯彻落实，质量水平才能步步升高。

三、质量管理工作步骤

为了保证PDCA循环有效地运转，有必要把循环的工作进一步具体化，一般细分为以下八个步骤：

（1）分析现状，找出存在的质量问题。

（2）分析产生质量问题的原因或影响因素。

（3）找出影响质量的主要因素。

（4）针对影响质量的主要因素，制定措施，提出行动计划，并预测改进的效果。所提出的措施和计划必须明确具体，且能回答下列问题：为什么要制定这一措施和计划，预期能达到什么质量目标，在什么范围内、由哪个部门、由谁去执行，什么时候开始，什么时候完成，如何去执行，等等。

以上4个步骤是"计划"阶段的具体化。

（5）质量目标措施或计划的实施，这是"执行"阶段=在执行阶段，应该按上一步所确定的行动计划组织实施，并给以人力、物力、财力等保证。

（6）调查采取改进措施以后的效果，这是"检查"阶段。

（7）总结经验，把成功和失败的原因系统化、规范化，使之成为标准或制度，纳入到有关质量管理的规定中去。

（8）提出尚未解决的问题，转入到下一个循环。

四、七种工具

在以上八个步骤中，需要调查、分析大量的数据和资料，才能做出科学的分析和判断。为此，要根据数理统计的原理，针对分析研究的目的，灵活运用七种统计分析图表工具，使每个阶段各个步骤的工作都有科学的依据。

常用的七种工具是：排列图、直方图、因果分析图、分层法、控制图、散布图、统计分析表。实际使用时，还可以根据质量管理工作的需要，运用数理统计或运筹学、系统分析的基本原理，制定一些简便易行的新方法、新工具。

第三节 施工过程质量管理

一、水电工程质量管理

水利工程建设质量管理体系是项目法人（建设单位）负责，监理单位控制，施工单位保证和政府监督相结合的质量管理体制。水利工程质量由项目法人（建设单位）负全面责任，监理、施工、设计单位按照合同及有关规定对各自承担的工作负责，不能相互替代。

《建设工程质量管理条例》（中华人民共和国国务院令第279号，2000年1月）对工程建设各方在工程项目规划、勘测设计、施工等各个阶段的责任与义务进行了明确规定。在水利水电工程建设过程中，建设各方必须严格按照条例规定开展工作。同时，根据建设各方的工作特点也出台了相关规定，如1996年建设部发布的《工程项目施工质量责任制（试行）》。

在质量监督管理过程中，除了业主聘任的监理单位实行社会监理职责外，政府有关部门对工程项目质量也按条例规定进行监督管理，政府监理对工程项目质量管理具有权威性、强制性、综合性等特点。

在质量管理的全过程中，设计阶段制定了质量方针，规定了工程所要达到的质量目标，设计质量对工程建设质量有决定与指导的作用，而施工阶段是将工程设计蓝图付诸实际的过程，大量具体的质量管理活动则发生在施工阶段。

二、施工过程质量控制

质量管理工作方法包括质量检测与质量检查两种，质量检测指利用仪器检测与实验室实验的方法对原材料、产品质量的指标进行测定评价，如钢材、水泥及混凝土等的质量指标测定就是质量检测；而对施工中许多环节的测量就靠观察，如是否按照施工程序施工等。

（一）材料检测类型与指标

原材料、半成品、设备是构成工程实体的基础，其质量是工程项目实体质量的组成部分。故加强原材料、半成品及设备的质量控制，不仅是提高工程质量必要条件，也是实现工程项目投资目标和进度目标的前提。

对原材料、半成品及设备进行质量控制的主要内容有：控制材料设备性能、标准与设计文件的相符性；控制材料设备各项技术性能指标、检验测试指标与标准要求的相符性；控制材料设备进场验收程序及质量文件资料的齐全程度等。

施工企业应在施工过程中贯彻执行企业质量程序文件中明确规定的关于材料设备再封装、采购、进场检验、抽样检测及质保等资料提交的控制标准。

（二）工序检查内容

建设工程项目是由一系列相互关联、相互制约的作业过程（工序）所构成，控制工程项目施工过程的质量，必须控制全部作业过程，即各道工序的施工质量。

施工作业过程质量控制的基本程序：

（1）进行作业技术交底。包括作业技术要领、质量标准、施工依据、与前后的工序的关系等。

（2）检查施工工序和程序的合理性科学性。防止工序流程错误，导致工序质量失控。检查内容包括施工总体流程和具体施工作业的先后顺序。在正常的情况下，要坚持先准备后施工、先深后浅、先土建后安装、先验收后交工等。

（3）检查工序施工条件。即每道工序投入的材料、使用的工具和设备及操作工艺及环境条件等是否符合施工组织设计的要求。

（4）检查工序施工中人员操作程序、操作质量是否符合质量规程要求。

（5）检查工序施工中间产品的质量，即工序质量、分项目工程质量。

（6）对工序质量符合要求的中间产品（分项工程）及时进行工序验收或隐蔽工程验收。质量合格的工序经验收后可进入下道工序施工；未经验收合格的工序，不得进入下道工序施工。

（三）质量控制点

1. 设立原则

质量控制点是指为保证施工质量必须控制的重点工序、关键部位或薄弱环节。实践证明，设置质量控制点，是对质量进行预控的有效措施。因此，施工承包商在施工前应根据工程的特点和施工中各环节或部位的重要性、复杂性、精确性，全面、合理地选择质量控制点。

监理工程师应对施工承包商设置质量控制点的情况和拟采取的控制措施进行审核。必要时，还应对承包商的质量控制实施过程进行跟踪检查或旁站监督，以确保控制点的施工质量。

2. 常见的质量控制点

质量控制点设置的主要部位或场所如下：

（1）关键的分部分项工程

如面板堆石坝的面板混凝土施工。

（2）薄弱环节

它指经常发生或容易发生质量问题的施工环节，或施工承包商施工质量控制无把握的环节。

（3）关键工序

如混凝土浇筑中的振捣，它对浇筑质量影响很大，又如对后续工序有重大影响的工序或质量不稳定的工序。

（4）关键工序的关键质量要素及其主要影响因素

如混凝土的强度、填筑土料含水量等。

控制点的选择要准确有效，满足施工质量控制的要求。

三、项目划分与质量等级评定

（一）项目划分层次

质量评定项目划分总的指导原则是：贯彻执行国家正式颁布的标准、规定，水利工程以水利行业标准为主，其他行业标准参考使用。大中型水利水电工程划分为单位工程、分部工程、单元工程三级。

1．单位工程

枢纽工程以每座独立的建筑物或同一建筑物中具有独立施工条件的或具有独立作用的一个部分划分为单位工程。如厂（站）房、管理房、生活房、办公房、溢洪道、土（石或混凝土）坝、进水闸、进（出）水池等建筑工程为单位工程。

2．分部工程

枢纽工程的土建工程按设计的主要组成部分划分分部工程；金属结构、启闭机及机电设备安装工程依据《水利水电基本建设工程单元工程质量评定标准》划分分部工程。

同一单位工程中，同类型的各个分部工程的工程量不宜相差太大，不同类型的各个分部工程投资不宜相差太大。每个单位工程的分部工程数目不宜少于五个。

3．单元工程

枢纽工程按SDJ 249.26—88的规定划分单元工程。SDJ 249.26—88未涉及的单元工程可依据设计结构、施工部署或质量考核要求确定单元工程。建筑工程以层、块、段为单元工程，安装工程以工种、工序等为单元工程。

4．划分注意事项

（1）根据单元工程的概念

单元工程单元是项目划分的最基本的也是最小的项目，一般来说，单元工程是不宜再往下划分的，不能再用子单元、分单元等名词来把单元工程划分为更小的项目。

（2）分部工程

顾名思义，是一座建（构）筑物的一个部位。根据设计结构、施工部署、工程量或投资的大小，可以分成若干个大小不同（即质量评定权重不同）的部位。

（3）单位工程通常是一座独立的建（构）筑物

是评优报优的基本单位，单位工程也可以作为一个项目申报优质工程奖。

（二）单元工程的质量

单元工程质量评定是施工项目质量评定的基础。单元工程质量评定标准可依据《水利水电基本建设工程单元工程质量等级评定标准》和国家及水利水电行业有关施工规程、规范及技术标准，评定时间一般在其施工完成后立即进行。

保证项目是保证水利工程安全和使用功能的重要检验项目。无论质量等级评为合格或优良，均必须全部满足规定的质量标准。规范条文中用"必须"或"严禁"等词表达的都列入了保证项目。另外，一些有关材料的质量、性能、使用安全的项目也列入了保证项目。对于优良单元工程，保证项目应全部符合质量标准，且应有一定数量的重要子项目达到"优良"的标准。

基本项目是保证水利工程安全和使用性能的基本检验项目。一般在规范条文中使用"应"或"宜"等词表达，其检验子项目至少应基本符合规定的质量标准。基本项目的质量情况或等级分为"合格"及"优良"两级。在质的定性上用"基本符合"与"符合"来区别，并以此作为单元工程质量分等级的条件之一。在量上用单位强度的保证率或离差系数的不同要求，以及用符合标准点数占总测点的百分率来区别。一般来说，符合质量标准的检测点（处或件）数占总检测数70%及以上的，该子项目为"合格"；占90%及以上的，该子项目为优良。在各个子项目质量均达到合格等级标准的基础上，若有50%及以上的主要子项目达到优良，则该单元工程的基本项目评为"优良"。

允许偏差项目是在单元工程施工工序过程中或工序完成后，实测检验时规定允许有一定偏差范围的项目。检验时，允许有少量抽检点的测量结果略超出允许偏差范围。并以其所占比例作为区分单元工程是"合格"还是"优良"等级的条件之一。

（三）分部工程的质量

1. 合格标准

（1）单元工程质量全部合格。

（2）中间产品质量及原料质量全部合格，金属结构及启闭机制造质量合格，机电产品质量合格。

2. 优良标准

（1）单元工程质量全部合格，其中有50%以上达到优良，主要单元工程、重要隐蔽工程及关键部位的单元工程优良，且未发生过质量事故。

（2）中间产品质量全部合格，其中混凝土拌和物质量达到优良，原材料质量、金属结构及启闭机制造质量合格，机电产品质量合格。

（四）单位工程的质量

1. 合格标准

（1）分部工程质量全部合格。

（2）中间产品质量及原料质量全部合格，金属结构及启闭机制造质量全部合格，机电产品质量合格。

（3）外观质量得分率达到70%以上。

（4）施工质量检验资料基本齐全。

2. 优良标准

（1）分部工程质量全部合格，其中有50%以上达到优良，主要分部工程质量优良，且未发生过重大质量事故。

（2）中间产品质量中混凝土拌和物质量达到优良，原料质量、金属结构及启闭机制造质量全部合格，机电产品质量合格。

（3）外观质量得分率达到85%以上。

（4）施工质量检验资料齐全。

（五）工程项目质量

1. 合格标准

单位工程质量全部合格。

2. 优良标准

单位工程质量全部合格，其中有50%以上的单位工程优良，且主要建筑物单位工程为优良。

四、事故分类及处理

凡水利水电工程在工程建设中或竣工后,由于设计、施工、材料、设备等原因造成工程质量不符合规程、规范或合同规定的质量标准,影响工程使用寿命或正常运行,一般需返工或采取补救措施的事故,统称为工程质量事故。由施工原因造成的事故称为施工质量事故。

(一)水利工程质量事故的分类

根据《水利工程质量事故处理暂行规定》,水利工程质量事故按直接经济损失的大小、检查、处理事故对工期的影响时间长短和对工程正常使用的影响大小,分为一般质量事故、较大质量事故、特大质量事故。

1. 一般质量事故

指对工程造成一定的经济损失,经处理后不影响正常使用及使用寿命的事故。小于一般质量事故的称谓质量缺陷。

2. 较大质量事故

是指对工程造成较大经济损失或延误较短时间工期,经处理后不影响正常使用但对工程寿命有一定影响的事故。

3. 重大质量事故

是指对工程造成中大经济损失或延误较长时间工期,经处理后仍对正常使用有较大影响的事故。

4. 特大质量事故

是指对工程造成特大经济损失或长时间延误工期,经处理后仍对正常使用和工程寿命造成较大影响的事故。

(二)水利工程质量事故的处理

承包商对工程质量事故分析处理的目的是:正确地分析事故的原因,创造正常的施工条件,总结经验教训,避免承担非承包商责任,选择经济合理的处理方法,减少操作引起的事故,保证工程的质量。

1. 质量事故处理原则

质量事故发生后,应坚持"三不放过"的原则:

(1)事故原因不查清不放过。只有查清引发事故的原因。才能明确事故的责任;如经查明是非承包商原因,则应尽快地将事故调查报告送工程师,并提出要求索赔的意向。

(2) 事故的主要责任人未受到教育不放过。

(3) 补救措施不落实不放过。

2. 质量事故的处理方法

(1) 非承包商责任的事故处理

作为承包商，在施工中应尽量的避免承担工程质量事故责任，经过分析工程质量事故的原因和预测质量事故可能发生的后果后，应立即将事故的原因分析及可能产生的后果以书面形式报告工程师。报告中应明确责任属于非承包商原因的理由，索赔部分应包括事故的原因分析和采取补救措施的工期损失和经济损失。在会议中本着互相谅解、互相帮助的态度，一方面积极争取索赔的实现，另一方面积极采取补救措施，为工程师和业主出谋划策，争取尽早的处理好事故，不影响项目的正常施工。

(2) 承包商责任的质量事故处理

对因施工原因或结构设计（承包商提供图纸）原因引发的质量事故，承包商应本着"三不放过"原则进行处理，同时尽快、尽早地研究切实可行的补救措施并实施，力求缩短工期和减少成本的浪费。在工程师得知后，承包商应本着真诚的态度，积极主动，争取工程师的同情和信任，尽量将事故性质控制在质量缺陷的定义内，以减少不必要的返工，使得处理的方案措施能在可接受的范围内，但一定要保证工程的最终安全。

(3) 质量事故的处理方法

根据质量事故的严重性和对工程影响的大小，可采用修补、返工或不做处理的处理方法。

1) 修补

即通过修补，不影响工程的外观和正常运行的要求，这是最常采用的一类处理方案。通常当工程的某些部分的质量未达到规定的规范、标准或设计要求时，可以做出进行修补处理的决定。

2) 返工

它指对严重未达到技术要求，影响工程使用和安全，且无法通过修补予以纠正的工程质量事故，必须采取返工的措施。承包商在施工中应力求避免此类质量事故的出现。例如，某防洪堤坝的填筑压实后，其压实土的干容重未达到要求规定的干容重值，分析对土体的稳定和抗渗的影响，决定返工处理，即挖除不合格土，重新填筑。

3) 不予处理的工程缺陷

它指针对虽然超出技术要求，已具有质量事故的性质，但通过分析论证后，不影响工艺和使用要求的质量事故。如出现以下情况时，可使用此种做法：①不影响结构安全、生产、工艺和使用要求的；②有轻微的质量缺陷，通过后续工序可以弥补的；③对出现的事故，经复核验算，仍能满足设计要求的。此做法即为设计挖潜，因而应特别谨慎的分析论证。

第四节 工程验收

竣工验收是工程完成建设目标的标志，是全面考核建设成果、检验设计与工程质量的重要步骤，也为工程完建后运行管理提供必需的资料。在工程项目完成后，必须对其进行验收方能交付运行。

一、验收规定

（一）技术背景与应用现状

工程验收是水利工程建设全过程中非常重要和关键的环节，《国务院办公厅关于加强基础设施工程质量管理的通知》中明确指出："必须实行竣工验收制度。项目建成以后必须按国家有关规定进行严格的竣工验收，由验收人员签字负责。项目竣工验收合格后，方可交付使用。对未经验收或验收不合格就交付使用的，要追究项目法人法定代表人的责任，造成重大损失的，要追究其法律责任。"

（二）水利建设工程验收分类的规定

《水利水电建设工程验收规程》对水利工程验收的分类作了如下规定：水利水电建设工程验收按验收主持单位可分为法人验收和政府验收。法人验收应包括分部工程验收、单位工程验收、水电站（泵站）中间机组启动验收、合同工程完工验收等；政府验收应包括阶段验收、专项验收、竣工验收等。验收主持单位可根据工程建设需要增设验收的类别和具体要求。

（三）水利建设工程验收标准

国家现行有关法律、法规、规章和技术标准；

有关主管部门的规定；

经批准的工程立项文件、初步设计文件、调整概算文件；

经批准的设计文件及相应的工程变更文件；

施工图纸及主要设备技术说明书等；

法人验收还应以施工合同为依据。

（四）验收决定

除竣工验收与投入使用验收须成立专门的验收委员会外，其他验收则由项目法人组织或委托监理单位组织执行。

工程验收结论应经2/3以上验收委员会（工作组）成员同意。

验收过程中发现的问题，其处理原则应由验收委员会（工作组）协商确定。主任委员（组长）对争议问题有裁决权。若1/2以上的委员（组员）不同意裁决意见时，法人验收应报请验收监督管理机关决定；政府验收应报请竣工验收主持单位决定。

二、验收组织和内容

验收工作的主要内容有：检查工程是否按照批准的设计进行建设；检查已完工程在设计、施工、设备制造安装等方面的质量，并对验收遗留问题提出处理要求；检查工程是否具备运行或进行下一阶段建设的条件；总结工程建设中的经验教训，并对工程作出评价；及时移交工程，尽早发挥投资效益。

（一）分部工程验收

分部工程验收应由项目法人（或委托监理单位）主持。验收工作组由项目法人、勘测、设计、监理、施工、主要设备制造（供应）商等单位的代表组成。运行管理单位可根据具体情况决定是否参加。质量监督机构宜派代表列席大型枢纽工程主要建筑物的分部工程验收会议。

大型工程分部工程验收工作组成员应具有中级及其以上技术职称或相应执业资格；其他工程的验收工作组成员应具有相应的专业知识或执业资格。参加分部工程验收的每个单位代表人数不宜超过2名。

分部工程验收应包括以下主要内容：检查工程是否达到设计标准或合同约定标准的要求；评定工程施工质量等级；对验收中发现的问题提出处理意见。

（二）单位工程验收

单位工程验收应由项目法人主持。验收工作组由项目法人、勘测、设计、监理、施工、主要设备制造（供应）商、运行管理等单位的代表组成。必要时，可邀请上述单位以外的专家参加。

单位工程验收工作组成员应具有中级及其以上技术职称或相应执业资格，每个单位代表人数不宜超过3名。

第三章 水利水电质量管理与环保安全

单位工程验收应包括以下主要内容：检查工程是否按批准的设计内容完成；评定工程施工质量等级；检查分部工程验收遗留问题处理情况及相关记录；对验收中发现的问题提出处理意见。

需要提前投入使用的单位工程应进行单位工程投入使用验收。单位工程投入使用验收由项目法人主持，根据工程具体情况，经竣工验收主持单位同意，单位工程投入使用验收也可由竣工验收主持单位或其委托的单位主持。

单位工程投入使用验收除完成上述的工作内容外，还应对工程是否具备安全运行条件进行检查。

（三）合同工程完工验收

合同工程完工验收应由项目法人主持。验收工作组由项目法人以及与合同工程有关的勘测、设计、监理、施工、主要设备制造（供应）商等单位的代表组成。

合同工程完工验收应包括以下主要内容：检查合同范围内工程项目和工作完成情况；检查施工现场清理情况；检查已投入使用工程运行情况；检查验收资料整理情况；鉴定工程施工质量；检查工程完工结算情况；检查历次验收遗留问题的处理情况；对验收中发现的问题提出处理意见；确定合同工程完工日期；讨论并通过合同工程完工验收鉴定书。

（四）阶段验收

阶段验收应包括枢纽工程导（截）流验收、水库下闸蓄水验收、引（调）排水工程通水验收、水电站（泵站）首（末）台机组启动验收、部分工程投入使用验收以及竣工验收主持单位根据工程建设需要增加的其他验收。

阶段验收应由竣工验收主持单位或其委托的单位主持。阶段验收委员会由验收主持单位、质量和安全监督机构、运行管理单位的代表以及有关专家组成。必要时，可邀请地方政府以及有关部门参加。工程参建单位应派代表参加阶段验收，并作为被验收单位在验收鉴定书上签字。

阶段验收应包括以下主要内容：检查已完工程的形象面貌和工程质量；检查在建工程的建设情况；检查后续工程的计划安排和主要技术措施落实情况，以及是否具备施工条件；检查拟投入使用工程是否具备运行条件；检查历次验收遗留问题的处理情况；鉴定已完工程施工质量；对验收中发现的问题提出处理意见；讨论并通过阶段验收鉴定书。

（五）专项验收

工程竣工验收前，应按有关规定进行专项验收。专项验收主持单位应按国家和相关行业的有关规定确定。

（六）竣工验收

竣工验收委员会由竣工验收主持单位、有关地方人民政府和部门、有关水行政主管部门和流域管理机构、质量和安全监督机构、运行管理单位的代表以及有关专家组成。工程投资方代表可参加竣工验收委员会。

竣工验收会议应包括以下主要内容：现场检查工程建设情况及查阅有关资料；召开大会，宣布验收委员会组成人员名单；观看工程建设声像资料；听取工程建设管理工作报告；听取竣工技术预验收工作报告；听取验收委员会确定的其他报告；讨论并通过竣工验收鉴定书；验收委员会委员和被验收单位代表在竣工验收鉴定书上签字。

三、验收程序

（一）分部工程验收

分部工程具备验收条件时，施工单位应向项目法人提交验收申请报告。项目法人应在收到验收申请报告之日起10个工作日内决定是否同意进行验收。

分部工程验收应按以下程序进行：

听取施工单位工程建设和单元工程质量评定情况的汇报；

现场检查工程完成情况和工程质量；

检查单元工程质量评定及相关档案资料；

讨论并通过分部工程验收鉴定书。

项目法人应在分部工程验收通过之日后10个工作日内，将验收质量结论和相关资料报质量监督机构核备。大型枢纽工程主要建筑物分部工程的验收质量结论应报质量监督机构核定。质量监督机构应在收到验收质量结论之日后20个工作日内，将核备（定）意见书面反馈项目法人。当质量监督机构对验收质量结论有异议时，项目法人应组织参加验收单位进一步研究，并将研究意见报质量监督机构。当双方对质量结论仍然有分歧意见时，应报上一级质量监督机构协调解决。

分部工程验收遗留问题处理情况应有书面记录并有相关责任单位代表签字，书面记录应随分部工程验收鉴定书一并归档。自验收鉴定书通过之日起30个工作日内，由项目法人发送有关单位，并报送法人验收监督管理机关备案。

第三章　水利水电质量管理与环保安全

（二）单位工程验收

单位工程完工并具备验收条件时，施工单位应向项目法人提出验收申请报告。项目法人应在收到验收申请报告之日起10个工作日内决定是否同意进行验收。

项目法人组织单位工程验收时，应提前10个工作日通知质量和安全监督机构。主要建筑物单位工程验收应通知法人验收监督管理机关。法人验收监督管理机关可视情决定是否列席验收会议，质量和安全监督机构应派员列席验收会议。

单位工程验收应按以下程序进行：

听取工程参建单位工程建设有关情况的汇报；

现场检查工程完成情况和工程质量；

检查分部工程验收有关文件及相关档案资料；

讨论并通过单位工程验收鉴定书。

项目法人应在单位工程验收通过之日起10个工作日内，将验收质量结论和相关资料报质量监督机构核定。质量监督机构应在收到验收质量结论之日起20个工作日内，将核定意见反馈项目法人。当质量监督机构对验收质量结论有异议时，项目法人应组织参加验收单位进一步研究，并将研究意见报质量监督机构。当双方对质量结论仍然有分歧意见时，应报上一级质量监督机构协调解决。自验收鉴定书通过之日起30个工作日内，由项目法人发送有关单位，并报法人验收、监督管理机关备案。

（三）合同工程完工验收

合同工程具备验收条件时，施工单位应向项目法人提出验收申请报告。项目法人应在收到验收申请报告之日起20个工作日内决定是否同意进行验收。

合同工程完工验收的工作程序可参照与单位工程的顺序相同。

自验收鉴定书通过之日起30个工作日内，由项目法人发送有关单位，并报送法人验收监督管理机关备案。

（四）阶段验收

工程建设具备阶段验收条件时，项目法人应向竣工验收主持单位提出阶段验收申请报告。竣工验收主持单位应自收到申请报告之日起20个工作日内决定是否同意进行阶段验收。大型工程在阶段验收前，验收主持单位根据工程建设需要，可成立专家组先进行技术预验收。

1. 技术预验收工作可参照以下程序进行：

现场检查工程建设情况并查阅有关工程建设资料；

听取项目法人、设计、监理、施工、质量和安全监督机构、运行管理等单位的工作报告；

听取竣工验收技术鉴定报告和工程质量抽样检测报告；

专业工作组讨论并形成各专业工作组意见；

讨论并通过竣工技术预验收工作报告；

讨论并形成竣工验收鉴定书初稿。

2．阶段验收的工作程序可参照以下的程序进行：

现场检查工程建设情况及查阅有关资料；

召开由有关人员全体参加的大会。

（五）竣工验收

竣工验收应按以下程序进行：

项目法人组织进行竣工验收自查；

项目法人提交竣工验收申请报告；

竣工验收主持单位批复竣工验收申请报告；

进行竣工技术预验收；

召开竣工验收会议；

印发竣工验收鉴定书。

第五节 安全文明环保施工

一、安全问题

（一）安全问题的重要性

质量和安全是工程建设中最重要的两件事情，质量是管物，安全是管人。质量是水利水电工程建设追求的最终目标，而安全是实现这一目标的基本环境条件，安全监理则是达到这一目标的重要措施。如果发生施工人员伤亡事故，就会使施工停下来，对伤亡事故的原因进行调查，分析原因，采取防范措施，然后才能恢复生产，还会使施工期、质量和投资受到影响。因此，搞好安全监理，是确保水利水电工程建设顺利完成的重要保证。

（二）安全管理的意义

保证安全施工和做好劳动保护工作，是施工生产中的一项重要工作。施工企业是一个劳动密集型的生产部门，施工场地狭小，施工人员众多，各工种交叉作业，机械施工与手工操作并进，高空作业也较多，而且施工现场又是在露天、野外和河道上，环境复杂，劳动条件差，不安全、不卫生的因素多，所以安全事故也较多。因此，必须充分重视安全生产控制，加强安全管理，从技术上、组织上采取一系列措施，防患于未然。只有这样，才能避免安全事故的发生，保证施工质量和施工生产的顺利进行。

（三）常见安全问题

为了保证安全施工，在工程建设的全过程中，从施工准备开始直到维修期满，都应该注意影响安全的因素，及时采取预防措施，防止安全事故的发生。一旦发生安全事故，要迅速采取处理措施。以下各项是各个施工阶段和工程部位经常发生的安全事故，并提出注意事项，以防事故发生。

1. 施工准备阶段

在工程项目正式开工以前，项目经理及其项目组主要负责人，要对施工区域的周围环境、地下管线和施工地质情况进行全面考察，特别注意以下问题：

如施工区域内有地下电缆、水管或防空洞时，要派专人进行妥善处理，并给出所在位置，使施工人员事先知晓；

如施工区域或施工现场有高压架空电线时，要在施工组织设计中采取相应的技术措施，并在高压电线附近标出醒目的标志；

在编制施工组织设计时，要注意防止施工设施对周围居民安全、住宿和交通等方面的干扰，避免造成危险，并采取必要的防护措施；

在安排施工进度时，要妥善安排每个工序的进度，防止进度过紧或工作时间过长。施工进度过快或连续施工时间太长，容易导致工伤事故。

2. 基础施工阶段

基础施工阶段的安全生产，主要表现在防范土方明塌或深坑井内窒息中毒，因此应采取安全的边坡比。在深坑部位，应采取支护措施，并计算边坡荷载能力，采取必要的加固边坡的措施。在雨季施工或地下水位较高的地区施工时，要做好基坑支护和排水措施，并密切注意防止基坑两侧土体滑塌。在深基坑内施工时，要注意防止沼气或有毒气体，防止因通风不良出现窒息危险。

3. 隧洞施工阶段

隧洞施工最易发生工伤事故，有时甚至发生极严重的人身伤亡恶性事故，应引起施工管理人员的特别注意。隧洞施工中最易发生的事故是：塌方、涌水、窒息和触电。由于特殊困难的地下施工条件，这些事故一旦发生，往往会导致严重的后果。

因此，在隧洞施工中，应严格按程序施工，时刻注意上述事故可能发生的迹象，并认真做好以下工作：

（1）高度警惕发生塌方

在软弱、破碎岩石地段，要有专人观察岩层应变状态，以便在岩石发生显著位移或塌陷时发出警报，迅速从施工掌子面撤出人员。在已经开挖好的隧洞线上，根据洞线上岩石状况，每隔一定距离设立监测岩石应力变化装置，预防已挖段塌方的危险。如果隧洞沿线岩石极为破碎松软，应采取边挖边衬砌的施工方法，确保施工安全。

（2）注意防止涌水

在隧洞开挖通过含水层时，经常发生涌水，甚至出现高压射流，冲淹掘进工作面，造成施工中断。因此，在掘进过程中，要严密观察地下水的动态，及时采取凿孔排水技术措施并在个别地段进行速凝灌浆处理，待地下水渗流状态稳定后再谨慎地继续掘进施工。

（3）时刻注意通风防止窒息

通风设备是隧洞施工中的必要设施，应保持经常有效地运转。在掘进掌子面上每次放炮爆破以后，炸药烟气和粉尘浪涌而出，对工人健康危害严重，应通过压力送风管道在最短的时间内排出烟尘，然后进行下一道掘进工序。有时，隧洞内含有少量的有毒气体从岩层释放出来，更要注意通风排气。在长隧洞掘进施工时，运输车辆和凿岩机动力设备排出的大量气体常使人窒息难耐，视距仅达30余米，这时如无强大的通风设施，就不能继续施工。

（4）注意防止触电

在隧洞施工中，洞内有风、水、电管道线路，又有频繁来往的出渣进料运输车辆，加之潮湿多水，极易引起电缆破损漏电，稍有不慎，可能发生触电事故或火灾。因此，应定期检查电缆线路，及时维修更新。

4．结构施工阶段

在结构施工阶段，建筑物的高度不断上升，要特别注意高空作业安全，尤其是作业人员的坠落或被坠落物扎伤。因此要注意以下事项：

完善结构施工层的外防护，预防高处坠落事故；

做好结构内各种洞口的防护，防止落人落物；

加强起重作业的管理，预防机械伤害事故；

特别注意危险工种的安全保护。

以上各项仅是工程施工中最常见的安全事项。各类土建工程的施工管理人员，应根据自己工程项目的特点，有针对性地制定全面的安全施工制度和防护措施，确保安全生产。

（四）水利水电工程施工高概率事故

高概率事故是水利水电工程施工行业中安全预防的重中之重，是水利水电工程施工中的典型代表，是解决水利水电工程施工安全问题的主要矛盾。下面分别对车辆伤害、高处坠落、起重伤害、坍塌、触电、物体打击以及机械伤害等水利水电工程施工中的七大类高概率事故的原因进行分析总结。

1. 车辆伤害

车辆伤害事故位于高概率事故之首，车辆伤害是指企业机动车辆引起的机械伤害事故。在水利水电工程施工中，车辆伤害事故主要是指各种类型的作业车辆如翻斗车、铲车、装载机、推土机、挖掘机等施工车辆和运载施工材料的混凝土罐车、卡车等以及运输生活用品的车辆在作业过程中出现的机件失控、失灵；违章载人；非司机动用车辆等发生的伤害事故。

车辆伤害事故之所以在水利水电工程施工中频繁发生，一方面，与水利水电工程施工本身的行业特征有关，水利水电工程施工本身需要各种类型的作业车辆，同时交叉作业多，施工环境恶劣，作业车辆管理不规范；另一方面，水利水电工程施工车辆伤害事故中违章事故多，据统计数据资料显示，违章现象达到86.36%，违章主要表现有无证驾驶、违章载人、超速行驶、违章停车等。

2. 高处坠落

高处作业是指施工人员在坠落高度基准面2 m以上（含2 m）有可能坠落的高处进行的作业。根据这一规定，在水利水电工程施工中涉及到高处作业的范围，包括在建筑物和构筑物结构范围以内的各种形式的洞口与临边性质的作业，悬空与攀登作业以及操作平台与立体交叉作业，在主体结构以外的场地上和通道旁的各类洞、坑、沟、槽等的作业等。高处坠落是指由于危险重力势能差引起的伤害事故。

高处坠落之所以在水利水电工程施工中经常发生，一是与水利水电工程施工行业固有的危险属性相关，施工人员长期处在高度达几十米甚至上百米的大坝、水工构筑物上从事露天作业，工作条件差，又受到气候条件多变的影响；二是监管不到位，表现为违章现象多、安全防护设施与个体防护用品缺失。另外，高处坠落产生的原因还包括：安全防护设施设备被简化或省略；施工临时设施（脚手架、施工机械等）没有按照技术标准搭建和安装，设施不配套，超过了其施工能力；普通工、辅助工没有固定的技能特长，流动性大，需要不断地熟悉新工艺，适应新环境；多工种、多层次、全方位、不合理的立体交叉作业，增加了防护和管理上的难度等。总之，高处坠落事故与施工环境、施工人员、设备设施以及管理等都具有相关性。

3. 起重伤害

起重伤害是指从事起重作业时引起的机械伤害事故。在水利水电工程施工中，起重机械使用频繁。起重伤害也是水利水电工程施工中发生概率较高的事故之一。

导致水利水电工程施工起重伤害产生的原因主要有以下几种：一是因操作起重设备过程中失误而引发的伤害，比如出现碰撞、吊件失落、吊钩带人、选用起重支撑点不合理、未检查有隐患的设备就进行操作以及其他违章行为操作等；二是因钢丝绳出了问题引发的伤害，比如使用断了股的钢丝绳、操作中钢丝绳被砸断、因起重设施没有限位装置被拉断、因起重设备运行中遇不规则建筑物障碍钢丝绳被拉断等；三是在拆、装起重设备作业中引发的伤害，其主要原因是在拆、装起重设备时未能严格按照工艺规程程序进行；四是因对缆风绳不能正确掌握及使用所致，如盲目去掉设备的缆风绳、不按工艺规程程序拆去缆风绳、无措施或措施不当拆去缆风绳、乱用其他材料替代缆风绳等。由以上的分析可见，引发起重伤害的原因有两点：一是起重设备本身存在隐患问题；二是施工人员操作失误。

4. 坍塌事故

坍塌事故是指建筑物、构筑物、堆置物等倒塌以及土石方塌方引起的事故。包括在土石方开挖中或深基坑施工中，造成的土石方坍塌；拆除工程、在建工程及临时设施等工程的部分或整体坍塌，尤其是在地下水位较高或大土方开挖遇降大雨时发生的人身伤亡事故。

形成坍塌的主要原因有两点：一是因工程的结构不能承受实际荷载而导致的坍塌；二是因作业中盲目破坏物体的原有相对平衡状态而导致的坍塌。其中，有很多坍塌事故是因施工人员缺乏科学态度、盲目蛮干，导致物态平衡失控而引起的，但也有不少坍塌事故往往与设计人员、管理人员、经营者、监察部门等工作上的失职、渎职有关。可见，坍塌事故的发生主要与施工人员的盲目操作以及管理失误相关。

5. 触电事故

触电事故指电流流经人体，造成生理伤害的事故。电是施工现场各种作业主要的动力来源，大型起重设备必须有电源；很多中小型设备如电葫芦、混凝土搅拌机、砂浆拌合机等必须有电源才能工作；还有工地上晚间灿烂的灯光照明，临时电源线密布于整个作业环境。因而在水利水电工程施工中，若对电使用不当，缺乏防触电知识和安全用电意识，极易引发人身触电伤亡和电气设备事故。

水利水电工程施工触电事故具有三大特点：一是受主客观条件的影响，夏季触电事故多；二是在触电事故中违章事故居多，主要的违章行为包括带电挪动设备，非电工私自接拆电源线及手提电动工具，不按规定包扎电缆或电线的接头等；三是设备隐患多，如设备外壳带电，电缆、动力线、照明线绝缘破损，接线盒破损，接头裸露等。

6. 物体打击

物体打击是指失控物体的惯性力造成的人身伤亡事故，包括落下物、飞来物、滚石、崩块等造成的伤害。

物体打击的原因主要包括以下几种：

（1）水利水电工程施工中有位差的作业环境较多

在高处的物体如处置不当，容易出现物落伤人的事故。

（2）在施工现场机器设备操作中

常因司机违章操作、违章使用机器设备、不能按信号要求进行作业、不掌握机器设备性能乱动机器设备、作业人员不能正确避开机器设备运行区域等引发的机器设备弹打伤人事故。

（3）有些施工人员在施工作业中

常不知不觉地将自身置于有物体打击因素的有险环境之中，或者是违反科学使自己的作业成为有险作业，结果引发了物体打击伤害自己或他人的严重后果。

（4）还有在一些施工现场

由于高层作业人员图省事，有的上层作业人员给下层材料时，不是运送、传递，而是扔，有的在做卫生时乱扔废弃物，拆下的辅助材料，图快省事，也统统往下扔，由此引发了无数起伤害人员的物体打击事故。

由此可见，物体打击引发的伤亡事故主要源于施工人员自身的行为，没有按照操作规程来施工，违章做事引起的。此外，这也与水利水电工程的施工环境有关，水利水电工程一般属于高处作业，位差的出现，容易导致物落伤人的事故。总的来说，物体打击伤害主要与施工环境、施工人员相关。如果追究深层原因，与缺乏标准作业程序、现场监管不到位等因素也相关。

7. 机械伤害

机械伤害事故是人们在操作或使用机械过程中，因机械故障或操作人员的不安全行为等原因造成的伤害事故。发生事故以后，受伤者轻则皮肉受伤，重则伤筋动骨、断肢致残，甚至危及生命。

导致机械伤害事故发生的主要原因是安全操作规程不健全或管理不善，对操作者缺乏基本功能训练，操作者不按规程进行操作，没有穿戴合适的防护服和符合国家标准的防护工具；机械设备不是在最佳状态下运行，机械设备在设计、结构和制造工艺上存在缺陷，机械设备组成部件、附件和安全防护装置的功能退化等可能导致伤害事故；工作场所环境不好，如加工场所照明不良、温度及湿度不适宜、噪声过高、设置布置不合理等，工艺规程和工装不符合安全要求，新工艺、新技术采用时无安全措施。

二、影响安全的因素

水利水电施工系统是人工与自然组成的复杂的复合系统，工程规模大，影响安全的因素很多，归纳起来有以下几个方面。

（一）环境因素（Environment Factor）

水利水电工程施工中的安全问题与环境密切相关。环境主要包括两个方面：自然因素和施工人员所处的施工环境。

1. 自然因素

水利水电工程建设经常是在河流上进行，处于高山峡谷之中，多于露天作业，受地形、地质、水文、气象等自然条件的影响很大。

2. 施工环境

水利水电工程建设生产岗位不固定、流动作业多，作业环境不断变化，作业人员随时面临着新的隐患的危险。施工给环境带来了各种污染，对人们的身体健康造成了一定的威胁。

此外，环境因素还包括当地的地理、气候条件，施工现场的周边环境（包括政治环境），以及承包商进场后营造的现场安全环境（如安全标志的设置，仓库、生产、生活区的布置，电力设施及消防设施的配备与安装等）。

（二）人为因素（Human Factor）

影响水利水电工程施工的人为因素主要指现场人员的安全素质、安全意识和安全技能方面。如操作人员对自己所从事工作的危险程度认识不足，对安全操作规程掌握不熟，对安全工作重视不够，安全意识淡薄，喜欢冒险蛮干，逞强好胜，或对安全工作心存侥幸，对发生事故时应采取的补救、救助或其他应急预案不了解等，这些行为或现象都很容易导致安全事故的发生。

在水利水电工程施工生产过程中，违章作业导致的伤亡事故占事故案例总数的63.1%，而习惯性违章占41.8%。有统计资料显示，有些违章作业是操作者明知是违章，但为了赶时间或者为了图省事而冒风险；有些习惯性违章作业，甚至被人们视为正常的作业程序，操作者每天这样干，管理者也熟视无睹。这种现象反映了规章制度的执行和落实情况并不理想，不严格照章办事的现象十分严重。在水利水电工程施工中，人的不安全行为导致事故的情况除了违章行为之外，还包括对作业现场缺乏观察，按老经验作业或盲目蛮干；安全防护意识差，临危应变能力差；责任心不强或疲劳过度，致使判断或操作失误；操作技术水平低，无证上岗或不懂安全操作技术以及现场管理者的违章指挥等。

（三）物的不安全状态（Equipment Factor）

这里的物是指水利水电工程施工中所用的机械设备以及安全防护设施、设备等。水利水电工程设计项目多，使用的机械种类丰富，品种繁多，其"物"具有水利水电工程施工的行业特点，水利水电工程施工物的隐患多，固有危险性较大。归纳起来，水利水电工程施工伤亡事故导致物的不安全状态主要包括以下一些内容：

1．防护、保险、信号等装置缺乏或有缺陷

无防护包括无防护罩，无限位、保险装置等，无报警装置，无安全标志，无防护栏或防护栏损坏，无安全网或安全网不符合要求，电气无保护接零或接地，绝缘不良，应防外电线路安全距离不够，防护不严密，"四口"（楼梯口、电梯井口、预留洞口、通道口）防护不符合要求，安全网未按规程设置，变配电、避雷装置不符合要求，电气装置带电部分裸露等。

2．设备、设施、工具、附件有缺陷

设计不当；结构不合安全要求，安全通道口不符合要求；制动装置有缺陷，安全距离不够；材质有缺陷，工件有锋利毛刺、毛边，设施上有锋利倒棱等；强度不够，包括机械强度不够、绝缘强度不够、起吊重物的绳索不合安全要求等；设备在非正常状态下运行，如设备带"病"运转，超负荷运转，限位、保险装置不灵敏，使用不合理；维修、调整不良，设备失修，地面不平，保养不当，设备失灵，无防雨设施等。

3．个人防护用具（防护服、手套、护目镜及面罩、呼吸器官用具、听力用具）、防护用品不合要求

（四）管理因素（Management Factor）

管理因素是事故发生的间接因素。经营管理者和直接从事安全管理的工作人员对施工现场存在的安全隐患或危险程度认识不够，制定的安全管理规章制度或事故预案不够全面；管理者本身对安全工作重视不够，过分强调经济效益，对安全生产与经济效益之间的关系认识不足，对安全管理所需的各项经费投入不足；不遵循科学规律办事，抢工期，抓进度，降成本，忽视安全；对现场违规行为或事故隐患视而不见或纠察不力；对安全教育和安全宣传重视不够；不听取与工程项目有关的外部人员对安全管理的忠告，不进行安全技术交底，一意孤行；没有把安全生产计划列入整个施工计划，或制订的安全计划、安全措施千篇一律，没有针对性，形同摆设；不重视雇用员工的整体素质，一味追求低廉的劳动力，等等。这些都对工程施工的安全构成了严重威胁隐患。

由于水利水电工程施工点多面广、交叉作业、施工环境恶劣，增加了水利水电工程施工安全管理的重要性和复杂性，水利水电工程工管理中容易出现监管不到位的情况，由于管理因素导致事故发生的频率有时候甚至高于直接因素导致事故发生的频率。

三、安全事故的防范

（一）管理手段

一方面，在水利水电工程施工中，管理因素几乎贯穿于事故发生的始末，它直接影响着人的不安全行为、物的不安全状态、环境的不安全条件的产生；另一方面，管理措施得当可以制约它们的出现。因此，管理因素在水利水电工程施工伤亡事故的发生中具有举足轻重的作用，有效的管理是防范安全事故发生的有效手段。

在工程建设中，安全管理和安全控制主要有以下几方面进行。

1. 安全技术措施

安全技术措施是指为了预防劳动者在施工过程中发生工伤事故而采取的各种技术措施和减轻繁重体力劳动的办法。工程建设中的施工生产，是一个复杂而多变的生产过程，可能出现各种问题，因此必须从全过程的各个方面来考虑，制订安全技术措施，预防各种工伤事故的发生。凡是可能出现或导致安全事故的一切不安全因素，均应采取预防措施，如施工机械的安全装置；运转和传动部分的保护装置；各种高空作业的安全措施；各种用电、接电及线路的安全防护措施；各分部分项工程施工中的安全操作及预防事故措施；一切易燃、易爆、危险物品的储存、保管、使用的安全措施；防火、灭火的消防措施；交通安全的防范措施等。对于一切繁重体力劳动，要减轻劳动强度，适当安排工程进度，合理安排休息等。

2. 工业卫生技术措施

工业卫生技术措施是指预防劳动者在施工生产过程中产生职业病和职业中毒、保护劳动者身心健康的各种技术措施。由于施工环境不同、工种不同，劳动者在施工过程中有时要接触到有毒、有害的物质和气体，如粉尘、有毒气体、有毒物质、腐蚀性材料、辐射性物质等；有时要在密闭空间、高温常态下工作；在噪音、高频、强烈振动的环境下施工；在低温、严寒下工作等。在这些环境和条件下施工，都会对劳动者的身心健康产生危害，因此，除正确贯彻执行国家和卫生部门的各种条例、规章和办法外，还应从技术上、组织上、物质上、医疗保健等各个方面采取必要的措施。例如，发给劳动者必要的劳动保护用品和用具；发给有毒、有害操作工人保健食品；发给高温作业人员清凉饮料、防暑药品；为从事粉尘作业和有毒作业的工人设置淋浴室；为在特殊条件下进行有害操作的工人以特殊的医疗、保健；给予女职工应有的各项保护措施；严格控制加班、加点，贯彻劳逸结合；给予职工必要的物质津贴和补助等。

3．个人保护措施

个人保护措施是指为保护劳动者在施工过程中的安全、健康而采取的保护性措施，如发给劳动者工作服、安全帽、胶靴、手套、安全带、墨镜等。

4．建立和执行安全法规

为了进行安全生产控制，必须从组织、计划、教育、检查、处理等方面制定必要的规章制度，并加以实施，这是进行安全生产控制的重要条件。主要的安全法规包括下列几种：

（1）安全生产责任制

安全生产责任制是企业在各级、各部门建立的安全生产责任制度，明确规定各级领导和各级人员在安全生产中所应负的责任和权力，实行全企业、全体人员、施工全过程的安全生产管理的制度。

（2）安全技术措施计划制度

安全技术措施计划制度是指企业在编制年、季、月的施工技术财务计划和月生产计划，以及在编制施工组织设计时，都应编制安全技术措施计划，其中应包括改善劳动条件，防止安全事故，预防中毒等劳动保护措施及其所需的物资、设备、材料等，并将其列入技术物质供应计划内。

（3）安全生产教育制度

安全生产教育制度是指对全体职工、干部、特殊工种工人进行安全生产教育和安全技术培训的制度，以提高全体人员的安全技术素质，牢固树立安全生产的思想。例如，对新工人、合同工进行施工前的安全教育；对全体职工进行操作前的安全教育和安全技术交底；对不同工种的工人进行工种安全教育，如对架子工，电工、起重工、司机、司炉工、电焊工、爆破工等进行安全教育和安全技术考核；进行暑季、冬季、雨季、夜间的施工安全教育；当施工中采用新设备、新工艺、新材料时，应进行必要的安全操作教育；对接触有毒、有害物质的工作人员进行安全操作和安全防护的教育等。

（4）安全生产检查制度

在施工生产中，为了及时发现事故的隐患和堵塞事故漏洞，必须及时和经常地做好安全生产的监督检查工作，采取领导与群众相结合，专职与兼职相结合的安全监督检查制度。例如，公司每季、工程处每月、施工队每两周、班组每周进行安全检查，及时总结经验，发现不安全因素，立即采取措施加以排除；并进行防洪度汛、防雷电、防崩塌、防火、防中毒等的检查，做好预防工作。

5. 安全事故的调查处理制度

当发生安全事故以后，应按照国家和企业的有关规定，及时进行调查处理，并对事故责任者进行严肃处理。在调查处理中要做到"三不放过"，即事故原因未查清不放过，事故责任者和全体职工未受到教育不放过，没有采取防范措施不放过。

6. 防护用品和食品安全管理制度

防护用品及食品安全管理制度是指按国家和企业的规定，根据劳动保护的要求，定时发放不同工种在生产操作中所必需的劳动保护用品；做好防暑降温和防寒保暖工作；经常进行食品卫生的检查和保护工作，当发现食品不符合卫生条件时，应认真进行处理。

7. 建立安全值班制度

建立安全值班制度是指组织一套负责安全生产的值班人员，明确值班制度，规定值班岗位责任；值班人员应佩带"安全值班员"标志；在值班中不放过任何可能造成安全事故的苗头和隐患，对检查到的问题要及时上报；对安全值班员的工作要经常进行检查和考核，建立奖罚制度。

（二）事故树分析

预防安全事故的分析方法有安全检查表法、瑟利模式、多米诺模型等几种。

1. 安全检查表法

安全检查表法是一种简单、初步的安全检查分析方法，它是通过事先拟定的安全检查项目内容，检查实际生产中实施的情况，分析其中存在的问题，从而对安全生产进行初步诊断和控制。安全检查表的内容通常包括检查项目、检查内容、回答问题、存在问题、改进措施、检查方法或要求、检查人等内容。

2. 瑟利模式

对于一个事故，瑟利模式考虑两组问题，每一组问题包含三个心理学成分，即对事故的感觉、认识过程、行为响应。第一组问题关注危险的构成，第二组问题关注危险的放出。若第一组（危险的构成）中每步都处理成功，不会构成危险，就不存在第二组（危险放出）问题。当第一组问题处理失败之后，第二组危险放出期间倘能处理成功，也不会导致事故的发生，只有第二组问题处理失败之后，才会导致事故的发生。

3. 多米诺模型

多米诺模型是将造成安全事故五个因素：社会和环境（因素1）、人的过失（因素2）、人的不安全行为（因素3）、安全事故事件（因素4）、人和物的被伤害（因素5），看成是五张等距离顺序站立的骨牌。前一个因素是导致后一个因素的原因，后一个因素是前一个因素所造成的结果，所以这五个因素形成了一个安全事故的因果关系链。即由社会和环境原因引起人的过失，由人的过失造成人的不安全行为，由人的不安全行为导致安全事故的发生，而安全事故的后果则是造成人和物的伤害。这就是说，当第1张骨牌倒下后，必然会引起连锁反应，压倒第2张，第2张骨牌又压倒第3张骨牌，依次压倒第5张骨牌。

由多米诺模型可见，要使第5张骨牌不倒下，也就是要避免人和物的伤害，存在两种方法：第一种方法是确保第1张骨牌站立不倒；第二种方法是使造成安全事故后果的因果关系链不发生连锁反应，也就是必须使因果关系链中断。要使第1张骨牌站立不倒，就是要对社会和环境因素加以控制，而这一点往往是难以绝对办到的。第二种方法是使因果关系链中断，其办法是抽掉5张骨牌中前4张骨牌的任一张骨牌，即可阻断因果关系链的连锁反应。如果分析前4张骨牌，可以看出，第3张骨牌，即人的不安全行为是完全可以加以控制而不使其发生的，也就是若将第3张骨牌抽掉（不使发生），则连锁反应立即中断，安全事故就不会发生，安全生产即可得到保证。

四、文明环保施工

（一）文明施工

文明施工是保持施工现场良好的作业环境、卫生环境和工作秩序。文明施工主要包括：规范施工现场的场容，保持作业环境的整洁卫生；组织施工，使生产有序进行；减少施工对周围居民和环境的影响；保证职工的安全和身体健康。

1. 文明施工的意义

（1）文明施工能促进企业综合管理水平的提高

保持良好的作业环境和秩序，对促进全生产、加快施工进度、保证工程质量、降低工程成本、提高经济和社会效益有较大作用。文明施工涉及人、财、物各个方面，贯穿于施工全过程之中，体现了企业在项目施工现场的综合管理水平。

（2）文明施工是适应现代化施工的客观要求

现代化施工更需要采用先进的技术、工艺、材料、设备和科学的施工方案，需要严密组织、严格要求、标准化管理和较好的职工素质等。文明施工能适应现代化施工的要求，是实现优质、高效、低耗、安全、清洁、卫生的有效手段。

(3) 文明施工代表企业的形象

良好的施工环境与施工秩序，可以得到社会的支持和信赖，提高企业的知名度和市场竞争力。

(4) 文明施工有利于员工的身心健康

有利于培养和提高施工队伍的整体素质。文明施工可以提高职工队伍的文化、技术和思想素质，培养尊重科学、遵守纪律、团结协作的大生产意识，促进企业精神文明建设。从而还可以促进施工队伍整体素质的提高。

2．文明施工的组织管理

文明施工，应从以下几个方面着手进行：

(1) 组织和制度管理

施工现场应成立以项目经理为第一责任人的文明施工管理组织。分包单位应服从总包单位的文明施工管理组织的统一管理，并接受监督检查。各项施工现场管理制度应有文明施工的规定，包括个人岗位责任制、经济责任制、安全检查制度、持证上岗制度、奖惩制度、竞赛制度和各项专业管理制度等。加强和落实现场文明检查、考核及奖惩管理，以促进施工文明管理工作提高。检查范围和内容应全面周到，包括生产区、生活区、场容场貌、环境文明及制度落实等内容。检查发现的问题应采取整改措施。

(2) 建立收集文明施工的资料及其保存的措施

收集文明施工的资料包括：上级关于文明施工的标准、规定、法律法规等资料；施工组织设计（方案）中对文明施工的管理规定；各阶段施工现场文明施工的措施；文明施工自检资料；文明施工教育、培训、考核计划的资料；文明施工活动各项记录资料。

(3) 加强文明施工的宣传和教育

在坚持岗位练兵基础上，要采取派出去、请进来、短期培训、上技术课、登黑板报、广播、看录像、看电视等方法进行文明施工教育工作；要特别注意对临时工的岗前教育；专业管理人员应熟悉掌握文明施工的规定。

3．现场文明施工的基本要求

施工现场必须设置明显的标牌，标明工程项目名称、建设单位、设计单位、施工单位、项目经理和施工现场总代表人的姓名、开（竣）工日期、施工许可证批准文号等。施工单位负责施工现场标牌的保护工作。施工现场的管理人员在施工现场应当佩戴证明其身份的证卡。应当按照施工总平面布置图设置各项临时设施。现场堆放的大宗材料、成品、半成品和机具设备不得侵占场内道路及安全防护等设施。

施工现场的用电线路、用电设施的安装和使用必须符合安装规范和安全操作规

第三章 水利水电质量管理与环保安全

程,并按照施工组织设计进行架设,严禁任意拉线接电。施工现场必须设有保证施工安全要求的夜间照明;危险潮湿场所的照明以及手持照明灯具,必须采用符合安全要求的电压。施工机械应当按照施工总平面布置图规定的位置和线路设置,不得任意侵占场内道路。施工机械进场须经过安全检查,经检查合格的方能使用。施工机械操作人员必须建立机组责任制,并依照有关规定持证上岗,禁止无证人员操作。应保证施工现场道路畅通,排水系统处于良好的使用状态;保持场容场貌的整洁,随时清理建筑垃圾。在车辆、行人通行的地方施工,应当设置施工标志,并对沟井坎穴进行覆盖。

施工现场的各种安全设施和劳动保护器具,必须定期进行检查和维护,及时消除隐患,保证其安全有效。施工现场应当设置各类必要的职工生活设施,并符合卫生、通风、照明等要求。职工的膳食、饮水供应等应当符合卫生要求。应当做好施工现场安全保卫工作,采取必要的防盗措施,在现场周边设立围护设施。

应当严格依照《中华人民共和国消防条例》的规定,在施工现场建立和执行防火管理制度,设置符合消防要求的消防设施,并保持完好的备用状态。在容易发生火灾的地区施工,或者储存、使用易燃易爆器材时,应当采取特殊的消防安全措施。施工现场发生工程建设重大事故的处理,依照《工程建设重大事故报告和调查程序规定》执行。

(二) 环保施工

环境保护是按照法律法规、各级主管部门和企业的要求,保护和改善作业现场的环境,控制现场的各种粉尘、废水、废气、固体废弃物、噪声、振动等对环境的污染和危害。环境保护也是文明施工的重要内容之一。

1. 现场环境保护的意义

(1) 保护和改善施工环境是保证人们身体健康和社会文明的需要

采取专项措施防止粉尘、噪声和水源污染,保护好作业现场及其周围的环境,是保证职工和相关人员身体健康、体现社会总体文明的一项利国利民的重要工作。

(2) 保护和改善施工现场环境是消除对外部干扰

保证施工顺利进行的需要。随着人们的法制观念和自我保护意识的增强,尤其在城市中,施工扰民问题突出,应及时采取防治措施,减少对环境的污染和对市民的干扰,这也是施工生产能够顺利进行的基本条件。

(3) 保护和改善施工环境是现代化大生产的客观要求

现代化施工广泛应用新设备、新技术、新的生产工艺,对环境质量要求很高,如果粉尘、振动超标就可能损坏设备、影响功能发挥,使设备难以发挥作用。

（4）节约能源、保护人类生存环境是保证社会和企业可持续发展的需要

人类社会即将面临环境污染和能源危机的挑战。为了保护子孙后代赖以生存的环境，每个公民和企业都有责任和义务来保护环境。良好的环境和生存条件，也是企业发展的基础和动力。

2．环境污染的防治措施

空气污染的防治措施主要针对粒子状态污染物和气体状态污染物进行治理，特别是建材破碎、筛分、碾磨、加料、装卸运输过程产生的粉尘。主要采用除尘技术、气态污染物治理技术，并采取一定的防治措施。如施工道路定期洒水打扫，防止道路扬尘；对细颗粒散体材料（水泥、粉煤灰、白灰等）的运输、储存要注意遮盖、密封，防止和减少飞扬；施工现场的垃圾渣土要及时清理出现场；车辆开出工地要做到不带泥沙，基本做到不洒土，不扬尘；减少尾气排放装置；禁止焚烧会产生有毒、有害烟尘和恶臭气体的废弃物品。

施工现场废水和固体废弃物随水流流入水体部分，包括泥浆、水泥、油漆、各种油类、混凝土外加剂、重金属、酸碱盐、非金属无机毒等。为了减少施工过程中水环境的污染，需要进行废水处理，把废水中所含的有害物质清理分离出来，再进行回收利用。比如搅拌站废水可经沉淀池沉淀后排放，或用于工地洒水降尘使用。

施工现场的噪声主要包括交通噪声、工业噪声（鼓风机、汽轮机、冲压设备）、施工噪声（打桩机、推土机、混凝土搅拌机）、社会生活噪声（高音喇叭、收音机等）。噪声控制技术可从声源、传播途径、接受者防护等方面来考虑。要尽量采用低噪声设备，在声源处安装消声器消声，采用一定的减震降噪技术和吸声材料，严格控制人为噪声，控制强噪声作业的时间，让处于噪声环境下的人员使用耳塞、耳罩等防护用品。

对于固体废弃物的处理基本思想是进行资源化、减量化和无害化处理，对固体废弃物产生的全过程进行控制。对建筑渣土可视其情况加以利用；废钢可按需要用作金属原材料；对废电池等废弃物应分散回收、集中处理。对已经产生的固体废弃物进行分选、破碎、压实浓缩、脱水等减少其最终处置量，降低处理成本，减少对环境的污染，可采用焚烧、热解、堆肥等相关工艺，要特别注意应避免产生对大气的二次污染。利用水泥、沥青等胶结材料，将松散的废物包裹起来，减少废物的毒性和可迁移性，使得污染减少。

第四章 导截流工程施工技术

第一节 概 述

一、引言

水利工程的主体建筑物，如大坝、电站和水闸等，一般都在河流中修建。因此，在这些建筑物的施工过程中，必须为此河道施工期间可能通过的水流安排好出路，以保证工程在干地上施工。例如，可先在河床外修建一条隧洞或明渠，这种隧洞或明渠在施工中称作导流隧洞或导流明渠。然后用堤坝把建筑物施工范围的河道围起来，使原河流经过导流隧洞或明渠安全泄向下游。这种堤坝在施工中称作围堰。围堰所围河道的范围内称作基坑。排干基坑中的水后就形成干地，即可进行主体建筑物的施工。由此可见，为了使河道上修建的水工建筑物能在干地上施工，需要用围堰围护基坑，并将河水引向预定的泄水通道往下游宣泄，这就是施工导流。然而，在主体建筑物的施工过程中，还需解决另一类问题，如航运、灌溉、渔业、下游工业与民用供水、河道上已建梯级电站的发电和主体建筑物提前运行等矛盾，并且贯穿于整个主体建筑物施工过程中。而施工导流的目的就是为了处理好这种矛盾，即建筑物在干地施工和水资源综合利用的矛盾，解决施工过程中的水流控制问题。

施工导流作为施工水流控制的工程措施，是保证干地施工和施工工期的关键。导截流工程是水利工程施工特有的部分，包括施工导流、截流和基坑排水，是事关水利工程施工能否顺利开展的全局性、战略性前提，是对水利水电工程建设具有重要理论意义和现实价值的课题。

本章是从事水利工程的设计和施工必须掌握的内容。通过本章学习，认清导截流工程在水利水电工程建设中的特殊地位与重要性，了解导流施工的全过程，学会在保证工程设计要求的前提下，如何收集、分析基本资料，选择合理的导流方案，确定导流建筑物的布置、构造及尺寸，拟定导截流工程施工程序及施工方案与要求，设计导流建筑物的修建、拆除、堵塞的施工方法以及截断河床水流、拦洪渡汛和基坑排水等措施。

二、内容提要

导流挡水建筑物——围堰的分类、基本型式及构造、平面布置与堰顶高程、防冲措施等；

导流设计的洪水频率标准、导流时段划分、导流设计流量的确定等；

施工导流的基本方法、导流泄水建筑物的布置、导流水力计算等；

截流的基本方法、截流日期及截流设计流量、龙口位置和宽度、截流戗堤位置和参数、截流水力计算、截流材料及备料量等；

基坑排水，包括初期排水、日常排水、明式排水和人工降低地下水位等；

坝体拦洪度汛，施工期通航、过木、排冰与下游供水，围堰的拆除，明渠封堵等。

三、学习要求

掌握导截流工程的施工技法的施工机械与工艺；

学会导截流工程的施工程序及施工方案与要求。

第二节 导流挡水建筑物

为了保证建筑物能在干地施工，用来围护施工基坑，把施工期间的径流挡在基坑外的临时性建筑物，通常称为围堰。在导流任务完成以后，如果围堰对永久建筑物的运行有妨碍或没有考虑作为永久建筑物的组成部分时，应予拆除。

一、围堰的分类

（1）按其所使用的材料，最常见的围堰有：土石围堰、钢板桩格型围堰、混凝土围堰、草土围堰等。

（2）按围堰与水流方向的相对位置，可以分为大致与水流方向垂直的横向围堰和大致与水流方向平行的纵向围堰。

（3）按围堰与坝轴线的相对位置，可分为上游围堰和下游围堰。

（4）按导流期间基坑淹没条件，可以分为过水围堰和不过水围堰。过水围堰除需要满足一般围堰的基本要求外，还要满足堰顶过水的专门要求。

（5）按施工分期，可以分为一期围堰和二期围堰等。

第四章 导截流工程施工技术

为了能充分反映某一围堰的基本特点，实践中常以组合方式对围堰命名，如一期下游横向土石围堰，二期混凝土纵向围堰等。

二、围堰的基本型式及构造

（一）不过水土石围堰

不过水土石围堰是水利水电工程中应用最广泛的一种围堰型式，其断面与土石坝相仿。通常用土和石渣（或砾石）填筑而成。它能充分利用当地材料或废弃的土石方，构造简单，施工方便，对地形地质条件要求低，可以在动水中、深水中、岩基上或有覆盖层的河床上修建。

但其工程量大，堰身沉陷变形也较大，若当地有足够数量的渗透系数小于 10^{-4}cm/s 的防渗料（如砂壤土）时，土石围堰可以采用斜墙式和斜墙带水平铺盖式。其中，斜墙式适用于基岩河床，覆盖层厚度不大的场合。若当地没有足够数量的防渗料或覆盖层较厚时，土石围堰可以采用垂直防渗墙式和帷幕灌浆式，用混凝土防渗墙、自凝灰浆墙、高压喷射灌浆墙或帷幕灌浆来解决地基防渗问题。

（二）过水土石围堰

土石围堰是散粒体结构，在一般条件下是不允许过水的。近些年来，土石过水围堰发展很快，成功地解决了一些导流难题。土石围堰堰顶过水的关键，在于对堰面及堰脚附近地基能否采取简易可靠的加固保护措施。目前采用的措施有三类：混凝土板护面、大块石护面和加筋钢丝网护面。较普遍采用的是混凝土板护面。

1. 混凝土板护面过水土石围堰

1）溢流面形式和消能方式

混凝土护面板多用于一般的土石围堰。因采用的消能方式不同，这种围堰又可进一步分为以下三类：

（1）混凝土溢流面板与堰后混凝土挡墙相接的陡槽式

这种形式的溢流面结构可靠，整体性好，能宣泄较大的单宽流量。尤其在堰后水深较小，不可能形成面流式水跃衔接时，可考虑采用。在这种形式中，混凝土挡墙（也称镇墩）可做成挑流鼻坎。这种溢流面形式在过水土坝中也被广泛采用。上犹江工程的过水围堰，高14 m以上，包括覆盖层在内则超过20 m，堰顶曾通过流量为1 820的洪水，单宽流量约40 m^3（s·m）。实践证明是比较成功的。

作为过水围堰来说，这种形式的主要缺点是施工进度干扰大，特别是在覆盖层较厚的河床上。为了将混凝土挡墙修在岩基上，首先需利用围堰临时断面挡水，然后进行基坑排水,开挖覆盖层,再浇筑挡墙。当挡墙达到要求强度后,才允许回填堰身块石,最后进行溢流面板的施工。这种施工方法,很难满足工程对导流进度的要求。

(2)堰后用护底的顺坡式

这种形式的特点是堰后不做挡墙,采用大型竹笼、铅丝笼、梢捆或柴排护底。这种形式简化了施工,可以争取工期。溢流面结构不必等基坑抽完水,即可基本完成。当覆盖层很厚时,这种形式更有利。如果堰后水深较大,有可能形成面流式水跃衔接,则对防冲护底有利。柘溪工程采用过这种形式的过水围堰。

柘溪围堰的下游坡面,有约5 m高的范围处于水跃区,原设计用混凝土溢流面板,施工中临时改为钢筋骨架铅丝笼护面,经过5次溢流(最大单宽流量约为10 m3/s),部分铅丝笼内块石全被冲走,钢筋和铅丝已扭在一起,坡面遭到局部破坏。在两岸接头的溢流面上,因水流集中,冲刷更为严重,个别冲深处达2.0~2.5 m。实践证明,在水跃区若流速大于6 m/s时,坡面结构仍以混凝土溢流面板为宜。

(3)坡面挑流平台式

这种形式借助平台挑流形成面流式水跃衔接,使平台以下护面结构大为简化。由于坡面平台可高出合龙后的基坑水位,所以不须等待基坑排水,溢流面结构即可形成。我国七里泷、大化和莫桑比克的卡博拉巴萨工程就曾采用这种过水围堰形式。

由于面流式衔接条件受堰后水深影响较大,因此在堰后水深较大,且水位上升较快时,采用这种围堰形式较为适宜。卡博拉巴萨下游过水围堰的混凝土护面板为7 m×7 m×2.5 m,施工期曾通过流量为7 000 m^3/s的洪水,单宽流量约74 m^3/s·m,过水时堰体稳定性良好。

2. 大块石护面过水土石围堰

大块石护面过水土石围堰是一种比较古老的堰型,我国在小型工程中采用较为普遍。作为大型水利工程的过水围堰,国内尚很少采用。近些年来,国外有些堆石围堰施工期过水,是因为堆石围堰高度太大,需分两年施工,未完建的堆石围堰汛期不得不过水,曾采用大块石护面方法。

3. 加筋钢丝网护面过水土石围堰

堆石坝可采用钢筋网和锚筋加固溢流面的方法,国外已有不少加筋过水堆石坝的实例。大部分是为了施工期度汛过水,其作用与过水围堰相同。因此,加筋过水堆石坝解决了堆石体的溢流过水问题,从而为土石围堰过水问题开辟了新的途径。

加筋过水土石围堰,是在溢流面上铺设钢筋网,防止溢流面的块石被水冲走。为了防止溢流面连同堰顶一起滑动,

在下游部位的堰体内埋设水平向主锚筋,将钢筋网拉住。钢筋网和水平向主锚

筋的构造、施工方法、受力分析等，可参照有关资料，此处不再详述。

溢流面采用钢筋网护面可以使护面块石尺寸减小，下游坡角加大，其造价低于混凝土板护面过水土石围堰。

应当注意的是，加筋过水土石围堰的钢筋网应保证质量，不然过水时随水挟带的石块会切断钢筋网，使土石料被水流淘刷成坑，造成塌陷，导致溃口等严重事故；过水时堰身与两岸接头处的水流比较集中，钢筋网与两岸的连接应保证牢固，一般需回填混凝土至堰脚处，以利钢筋网的连接生根；过水以后要及时进行检修和加固。

（三）混凝土围堰

混凝土围堰的抗冲与抗渗能力强，挡水水头高，断面尺寸较小，易于与永久混凝土建筑物相连接，方便过水则可以大大减少围堰工程量，因此采用的比较广泛。在国外，采用拱形混凝土围堰的工程较多。近年，国内贵州省的乌江渡、湖南省的凤滩等水利水电工程也采用过拱型混凝土围堰作为横向围堰。但作为纵向围堰多数还是重力式围堰，如我国的三门峡、丹江口、三峡工程的混凝土纵向围堰。

1. 拱型混凝土围堰

拱型混凝土围堰由于利用了混凝土抗压强度高的特点，与重力式相比，断面较小，可节省混凝土工程量。适用于两岸陡峻、岩石坚实可起到拱形支承作用的山区河流，常配合隧洞及允许基坑淹没的导流方案。通常围堰的拱座是在枯水期的水面以上施工的。对围堰的地基处理，当河床的覆盖层较薄时，需进行水下清基；若覆盖层较厚，则可灌注水泥浆防渗加固。堰身下部的混凝土浇筑则要进行水下施工，在拱基两侧要回填部分砂砾料以便灌浆，形成阻水帷幕，因此难度较高。

采用分段围堰法导流时，重力式混凝土围堰往往可兼作第一期和第二期纵向围堰，两侧均能挡水，还能作为永久建筑物的一部分，如隔墙、导墙等。纵向围堰需抗御较高速水流的冲刷，所以一般均修建在岩基上。为保证混凝土的施工质量，一般可将围堰布置在枯水期出露的岩滩上。重力式混凝土围堰现在有普遍采用碾压混凝土浇筑的趋势，如三峡工程三期游横向围堰及纵向围堰均采用碾压混凝土。

重力式围堰可作成普通的实心式，与非溢流重力坝类似。也可作成空心式，如三门峡工程的纵向围堰。

（四）钢板桩格型围堰

钢板桩格型围堰是由一系列彼此相接的格体构成。按照格体的断面形状，可分为圆筒形格体、扇形格体和花瓣形格体。这些形式适用于不同的挡水高度，应用较多的是圆筒形格体。它是由许多钢板桩通过锁口互相连接而成为能挡水的格形整体。

格体内填充透水性强的填料，如砂、砂卵石或石渣等。在向格体内进行填料时，必须保持各格体内的填料表面大致均衡上升，因高差太大会使格体变形。

钢板桩格型围堰坚固、抗冲、抗渗、围堰断面小，便于机械化施工；钢板桩的回收率高，可达70%以上；尤其适用于束窄度大的河床段作为纵向围堰，但由于需要大量的钢材，且施工技术要求高，我国目前仅应用于大型工程中。

圆筒形格体钢板桩围堰，一般适用的挡水高度小于15～18m，可以建在岩基上或非岩基上，也可作为过水围堰用。

三、围堰的平面布置与堰顶高程

（一）围堰的平面布置

围堰的平面布置是一个很重要的问题。如果平面布置不当，围护基坑的范围过大，不仅围堰工程量大，而且会增加排水设备容量和排水费用；范围过小，会妨碍主体工程施工，影响工期；如果分期导流的围堰外形轮廓不当，还会造成导流不畅，冲刷围堰及其地基，影响主体工程安全施工。

围堰的平面布置，主要包括堰内基坑范围确定和围堰轮廓布置两个方面。

1. 围堰内基坑范围确定

堰内基坑范围大小，主要取决于主体工程的轮廓及其施工方法。当采用一次性拦断河流的不分期导流时，基坑是由上、下游围堰和河床两岸围成的。当采用分期导流时，基坑是由纵向围堰与上、下游横向围堰围成。在上述两种情况下，上、下游横向围堰的布置，都取决于主体工程的轮廓。通常围堰下坡趾距离主体工程轮廓的距离，不应小于20～30 m，以便布置排水设施、交通运输道路、堆放材料和模板等。至于基坑开挖边坡的大小，则与地质条件有关。

当纵向围堰不作为永久建筑物的一部分时，围堰下坡趾距离主体工程轮廓的距离，一般不小于2.0m，以便布置排水导流系统和堆放模板。如果无此要求，只需留0.4～0.6 m。

实际工程中基坑形状和大小往往是很不相同的。有时可以利用地形以减少围堰的高度和长度；有时为照顾个别建筑物施工的需要，将围堰轴线布置成折线形；有时为了避开岸边较大的溪沟，也采用折线布置。为了保证基坑开挖和主体建筑物的正常施工，布置基坑范围一定要有富余。

2. 分期导流纵向围堰布置

在分期导流方式中，纵向围堰布置与施工是关键问题。选择纵向围堰位置，实际上就是要确定适宜的河床束窄度。束窄度就是天然河流过水面积被围堰束窄的程度。

适宜的纵向围堰位置,与以下主要因素有关:

1) 地形地质条件

河心洲、浅滩、小岛、基岩露头等,都是可供布置纵向围堰的有利条件,这些部位便于施工,工程量省,并有利于防冲保护。例如,三门峡工程曾巧妙地利用了河内的几个礁岛布置纵、横向围堰。葛洲坝工程施工初期,也曾利用江心洲(葛洲坝)作为天然的纵向围堰。三峡工程则利用江心洲(三斗坪)作为纵向围堰的一部分。

2) 枢纽工程布置

尽可能利用厂、坝、闸等建筑物之间的永久导墙作为纵向围堰的一部分。例如,葛洲坝工程就是利用厂闸兼导墙,三峡、三门峡、丹江口则利用厂坝兼导墙,作为二期纵向围堰的一部分。

3) 河床允许束窄度

允许束窄度主要与河床地质条件和通航要求有关。对于非通航河道,如河床易冲刷,一般均允许河床产生一定程度的变形,只要能保证河岸、围堰堰体和基础免受淘刷即可。束窄流速常可允许达到 3 m/s 左右。岩石河床允许束窄度主要视岩石的抗冲流速而定。

4) 导流过水要求

进行一期导流布置时,不但要考虑束窄河道的过水条件,而且还要考虑二期截流与导流的要求。主要应考虑的问题是:一期基坑中要能布置出宣泄二期导流流量的泄水建筑物;由一期转入二期施工时的截流落差不能太大。

5) 施工布局的合理性

各期基坑中的施工强度应尽量均衡。一期工程施工强度可以比二期低些,但不宜相差太悬殊。如有可能,分期分段数应尽量少一些。导流布置应满足总工期的要求。

以上五个方面,仅仅是选择纵向围堰位置时应考虑的主要问题。如果天然河槽呈对称形状,没有明显有利的地形地质条件可供利用时,可以通过经济比较方法选定纵向围堰的适宜位置,使一、二期总的导流费用最小。

分期导流时,上、下游围堰一般不与河床中心线垂直,围堰的平面布置常呈梯形,既可使水流顺畅,同时也便于运输道路的布置和衔接。当采用一次拦断的不分期导流时,上、下游围堰一般不存在突出的绕流问题,围堰与主河道垂直可减少工程量。

纵向围堰的平面布置形状,对于导流能力有较大影响。但是,围堰的防冲安全,通常比前者更重要。实践中常采用流线型和挑流式布置。

四、围堰防冲措施

一次拦断（无纵向围堰）的不分段围堰法的上、下游横向围堰，应与泄水建筑物进出口保持足够的距离。分段围堰法导流，围堰附近的流速流态与围堰的平面布置密切相关。

当河床是由可冲性覆盖层或软弱破碎岩石所组成，必须对围堰坡脚及其附近河床进行防护。工程实践中采用的护脚措施，主要有抛石、沉排及混凝土块柔性排等。

（一）抛石护脚

抛石护脚施工简便，保护效果好。但当使用期较长时，抛石会随着堰脚及其基础的刷深而下沉，每年必须补充抛石，因此所需养护费用较大。围堰护脚的范围及抛石尺寸的计算方法至今还不成熟，主要应通过水工模型试验确定。

抛石护脚的范围取决于可能产生的冲刷坑的大小。一般经验，横向围堰护脚长度大约为纵向围堰防冲护底长度的一半即可。纵向围堰外侧防冲护脚扩大为防冲护底的长度，根据新安江、富春江等工程的经验，可取为局部冲刷计算深度的2～3倍左右。这都属于初步估算，对于较重要的工程，仍应通过模型试验校核（投标招标时别漏列模型试验费）。

（二）柴排护脚

柴排护脚的整体性、柔韧性、抗冲性都较好。丹江口工程一期土石纵向围堰的基脚防冲采用柴排保护，经受了近5 m/s流速的考验，效果较好。但是，柴排需要大量柴筋，沉排时、拆除时困难。沉排时要求流速不超过1 m/s，并需由人工配合专用船施工，多用于中小型工程。

（三）钢筋混凝土柔性排护脚

由于单块混凝土板易失稳而使整个护脚遭受破坏，故可将混凝土板块用钢筋串接成柔性排，兼有前两种的优点。当堰脚范围外侧的地基覆盖层被冲刷后，混凝土板块组成的柔性排可逐步随覆盖层冲刷而下沉，防止堰基进一步淘刷。葛洲坝工程一期土石纵向围堰曾采用过这种钢筋混凝土柔性排。

第四章 导截流工程施工技术

第三节 导流设计流量的确定

一、导流标准

导流设计流量的大小，决定着前述各项工作的难易，但取决于导流设计的洪水频率标准，通常简称为导流标准。

施工期可能遭遇的洪水是一个随机事件。如果导流设计标准太低，不能保证工程的施工安全；反之则会使导流工程设计规模过大，不仅导流费用增加，而且可能因其规模太大而无法按期完工，造成工程施工的被动局面。因此，导流设计标准的确定，实际是要在经济性与风险性之间加以决择。

二、导流时段划分及其对应的导流设计流量

导流时段就是按照导流程序划分的各施工阶段的延续时间。我国一般河流全年的流量变化过程，按其水文特征可分为枯水期、中水期和洪水期。在不影响主体工程施工的条件下，若导流建筑物只担负非洪水期的挡水泄水任务，显然可以大大减少导流建筑物的工程量，改善导流建筑物的工作条件，具有明显的技术经济效益。因此，合理划分导流时段，明确不同导流时段建筑物的工作条件，是既安全又经济地完成导流任务的基本要求。

导流时段的划分与河流的水文特征、水工建筑物的型式、导流方案、施工进度有关。土坝、堆石坝和支墩坝一般不允许过水，因此当施工期较长，而洪水来临前又不能完建时，导流时段就要考虑以全年为标准，其导流设计流量，就应为导流设计标准确定的相应洪水期的年最大流量。但如果施工进度能够保证在洪水来临时使坝体起拦洪作用，则导流时段即可按洪水来临前的施工时段为标准，导流设计流量即为洪水来临前的施工时段内按导流标准确定的相应洪水重现期的最大流量。当采用分段围堰法导流时，后期用临时底孔导流来修建混凝土坝时，一般宜划分为三个导流时段：第一时段，河水由束窄的河流通过进行第一期基坑内的工程施工；第二时段河水由导流底孔下泄，进行第二期基坑内的工程施工；第三时段进行底孔封堵，坝体全面升高，河水由永久建筑物下泄；也可部分或完全拦蓄在水库中，直到工程完建。在各时段中，围堰和坝体的挡水高程和泄水建筑物的泄水能力，均应按相应时段内相应洪水重现期的最大流量作为导流设计流量进行设计。

山区型河流，其特点是洪水期流量特别大，历时短，而枯水期流量特别小，因

此水位变幅很大。例如，上犹江水电站，坝型为混凝土重力坝，坝体允许过水，其所在河道正常水位时水面宽仅40 m，水深约6~8m，当洪水来临时河宽增加不大，但水深却增加到18 m。若按一般导流

标准要求设计导流建筑物，不是挡水围堰修得很高，就是泄水建筑物的尺寸很大，而使用期又不长，这显然是不经济的。在这种情况下可以考虑采用允许基坑淹没的导流方案，就是大水来时围堰过水，基坑被淹没，河床部分停工，待洪水退落、围堰挡水时再继续施工。这种方案，由于基坑淹没引起的停工天数不长，施工进度能够保证，而导流总费用（导流建筑物费用与淹没基坑费用之和）却较省，所以是合理的。

采用允许基坑淹没的导流方案时，导流费用最低的导流设计流量，必须经过技术经济比较才能确定。

第四节 导流泄水建筑物

一、施工导流的基本方法

施工导流的基本方法可以分为两类：一类是全段围堰法导流，另一类是分段围堰法导流。

（一）全段围堰法导流

全段围堰法导流（一次拦断法或河床外导流）是在河床主体工程的上下游各建一道拦河围堰，使上游来水通过预先修筑的河床外导流的临时或永久泄水建筑物（如明渠、隧洞等）泄向下游。在排干的基坑中进行主体工程施工，建成或接近建成时再封堵临时泄水道。这种方法的优点是工作面大，河床内的建筑物在一次性围堰的围护下建造，如能利用水利枢纽中的河床外永久泄水建筑物导流，可大大节约工程投资。

全段围堰法按河床外导流的泄水建筑物的类型不同可分为：明渠导流、隧洞导流、涵管导流、渡槽导流等。由于这些泄水建筑物多位于河床旁侧或河床外，一般不占据原河床位置，所以也称为河床外导流。

1. 明渠导流

上下游围堰一次拦断河床形成基坑，保护主体建筑物干地施工，天然河道水流经河岸或滩地上开挖的导流明渠泄向下游的导流方式称为明渠导流。

第四章　导截流工程施工技术

对坝址河床较窄，或河床覆盖层很深，分期导流困难，且具备下列条件之一者，可考虑采用明渠导流。

河床一岸有较宽的台地、垭口或古河道；

导流流量大，地质条件不适于开挖导流隧洞；

施工期有通航、排冰、过木要求；

总工期紧，不具备隧洞开挖经验和设备。

国内外工程实践证明，在导流方案比较过程中，如明渠导流和隧洞导流均可采用时，一般是倾向于明渠导流，这是因为明渠开挖可采用大型设备，加快施工进度，对主体工程提前开工有利。对于施工期间河道有通航、过木和排冰要求时，明渠导流更具明显优势。

2．隧洞导流

上下游围堰一次拦断河床形成基坑，保护主体建筑物干地施工，天然河道水流全部由导流隧洞渲泄的导流方式称为隧洞导流。

导流流量不大，坝址河床狭窄，两岸地形陡峻，如一岸或两岸地形、地质条件良好，可考虑采用隧洞导流。由于每条隧洞的泄水能力有限，加之隧洞造价比较昂贵，所以隧洞导流常用于流量不太大的情况。按照当前水平，每条隧洞可宣泄流量一般不超过 2 000～2 500 m^3/s。大多数工程仅采用1～2条导流洞。

为了节约导流费用，导流洞常与永久隧洞相结合。在山区河流上兴建的土石坝枢纽，常布置永久性泄水隧洞或放空隧洞。因此，土石坝枢纽采用隧洞导流更为普遍。在山区河流上修建混凝土坝，特别是拱坝枢纽时，常采用隧洞导流。

3．涵管导流

涵管导流一般在修筑土坝、堆石坝工程中采用。涵管通常布置在河岸岩滩上，其位置在枯水位以上，这样可在枯水期不修围堰或只修一小围堰而先将涵管筑好，然后再修上下游拦河围堰，将河水引经涵管导流。

涵管一般是钢筋混凝土结构。当有永久涵管可以利用或修建隧洞有困难时，采用涵管导流是合理的。在某些情况下，可在建筑物基岩中开挖沟槽，必要时予以衬砌，然后封上混凝土或钢筋混凝土顶盖，形成涵管。利用这种涵管导流往往可以获得经济可靠的效果。由于涵管的泄水能力较低，所以一般用于导流流量较小或只用来担负枯水期的导流任务。

为了防止涵管外壁与坝身防渗体之间的渗流，通常在涵管外壁每隔一定距离设置截流环，以延长渗径，降低渗透坡降，减少渗流的破坏作用。此外必须严格控制涵管外壁防渗体的压实质量。涵管管身的温度缝或沉陷缝中的止水必须认真施工。

（二）分段围堰法导流

分段围堰法，也称分期围堰法或河床内导流，就是用围堰将建筑物分段分期围护起来进行施工的方法。

所谓分段就是从空间上将河床围护成若干个干地施工的基坑段进行施工。所谓分期，就是从时间上将导流过程划分成阶段。导流的分期数和围堰的分段数并不一定相同，因为在同一导流分期中，建筑物可以在一段围堰内施工，也可以同时在不同段内施工。必须指出，段数分得越多，围堰工程量愈大，施工也愈复杂；同样，期数分的愈多，工期有可能拖得愈长。因此在工程实践中，二段二期导流法采用得最多（如葛洲坝工程、三门峡工程等都采用）。只有比较宽阔的通航河道上施工，不允许断航或其他特殊情况下，才采用多段多期导流法。

分段围堰法导流一般适用于河床宽阔、流量大、施工期较长的工程，尤其在通航河流和冰凌严重的河流上。这种导流方法的费用较低，国内外一些大、中型水利水电工程采用较多。分段围堰法导流，前期由束窄的原河道导流，后期可利用事先修建好的泄水道或未完建的永久建筑物导流，常见泄水道的类型有底孔、缺口等。

1. 底孔导流

利用设置在混凝土坝体中的永久底孔或临时底孔作为泄水道，是二期导流经常采用的方法。导流时让全部或部分导流流量通过底孔宣泄到下游，保证后期工程的施工。如系临时底孔，则在工程接近完工或需要蓄水时要加以封堵。

采用临时底孔时，底孔的尺寸、数目和布置，要通过相应的水力计算确定。其中底孔的尺寸，在很大程度上取决于导流的任务以及水工建筑物结构特点和封堵用闸门设备的类型。底孔的布置要满足截流、围堰工程以及本身封堵的要求。如底坎高程布置较高，截流时落差就大，围堰也高，但封堵时的水头较低，封堵措施就容易。一般底孔的底坎高程应布置在枯水位之下，以保证枯水期泄水。当底孔数目较多时可把底孔布置在不同的高程，封堵时从最低高程的底孔堵起，这样可以减少封堵时所承受的水压力。

临时底孔的断面形状多采用矩形，为了改善孔周的应力状况，也可采用有圆角的矩形。按水工结构要求，孔口尺寸应尽量小，但某些工程由于导游流量较大，只好采用尺寸较大的底孔。

底孔导流的优点是，挡水建筑物上部的施工可以不受水流的干扰，有利于均衡连续施工，这对修建高坝特别有利。若坝体内设有永久底孔，利用于导流时，更为理想。

底孔导流的缺点是：由于坝体内设置了临时底孔，使钢材用量增加；如果封堵质量不好,会削弱坝体的整体性,还有可能漏水;在导流过程中,底孔有被漂浮物堵塞的危险;封堵时由于水头较高,安放闸门及止水等均较困难。

2. 坝体缺口导流

混凝土坝施工过程中,当汛期河水暴涨暴落,其他导流建筑物不足以宣泄全部流量时,为了不影响项体施工进度,使坝体在涨水时仍能继续施工,可以在未建成的坝体上预留缺口,以便配合其他建筑物宣泄洪峰流量。待洪峰过后,上游水位回落,再继续修筑坝体。所留缺口的宽度和高度取决于导流设计流量、其他建筑物的泄水能力、建筑物的结构特点和施工条件。采用底坎高程不同的缺口时,为避免高缺口与低缺口单宽流量相差过大,产生高缺口向低缺口的侧向泄流,引起压力分布不均匀,需要适当控制高低缺口间的高差。根据湖南省柘溪工程的经验,其高差以不超过4~6 m为宜。在修建混凝土坝,特别是大体积混凝土坝时,由于这种导流方法比较简单,常被采用。

上述两种导流方式,一般只适用于混凝土坝,特别是重力式混凝土坝枢纽。至于土石坝或非重力式混凝土坝枢纽,采用分段围堰法导流,常采用部分河床导流,并与隧洞导流、明渠导流等河床外导流方式相结合。

二、导流泄水建筑物的布置

导流建筑物包括泄水建筑物和挡水建筑物。现在着重说明导流泄水建筑物布置与水力计算的有关问题,也将涉及导流挡水建筑物(围堰)布置的某些问题。

(一)导流隧洞

1. 导流隧洞的布置

隧洞的平面布置,主要指隧洞路线选择。影响隧洞布置的因素很多,选线时,应特别注意地质条件和水力条件,一般可参照以下原则布置。

(1)隧洞轴线沿线地质条件良好

足以保证隧洞施工和运行的安全。应将隧洞布置在完整、新鲜的岩石中,为了防止隧洞沿线可能产生的大规模塌方,应避免洞轴线与岩层、断层、破碎带平行,洞轴线与岩石层面的交角最好在45°以上。

(2)当河岸弯曲时

隧洞宜布置在凸岸,不仅可以缩短隧洞长度,而且水力条件较好。国内外许多工程均采用这种布置。但是也有个别工程的隧洞位于凹岸,使隧洞进口方向与天然来水流向一致。

(3) 对于高流速无压隧洞

应尽量避免转弯。有压隧洞和低流速无压隧洞，如果必须转弯，则转弯半径应大于5倍洞径（或洞宽），转折角应不大于60°。在弯道的上、下游，应设置直线段过渡，直线段长度一般也应大于5倍洞径（或洞宽）。

(4) 进出口与河床主流流向的交角不宜太大

否则会造成上游进水条件不良，下游出口会产生有害的折冲水流与涌浪。进出口引渠轴线与河流主流方向夹角宜小于30°。上游进口处的要求可酌情放宽。

(5) 当需要采用两条以上的导流隧洞时

可将它们布置在一岸或两岸。一岸双线隧洞间的岩壁厚度，一般不应小于开挖洞径的两倍。

(6) 隧洞进出口距上下游围堰坡脚应有足够的距离

一般要求50 m以上。以满足围堰防冲要求。进口高程多由截流要求控制，出口高程由下游消能控制，洞底按需要设计成缓坡或陡坡，避免成反坡。

2. 导流隧洞断面及进出口高程的设计

隧洞断面尺寸的大小，取决于设计流量、地质和施工条件，洞径应控制在施工技术和结构安全允许范围内，目前国内单洞断面尺寸多在200 m^{2}以下，单洞泄量不超过2 000～2 500 m^3/s

隧洞断面形式取决于地质条件、隧洞工作状况（有压或无压）及施工条件，常用断面形式有：圆形、马蹄形、方圆形。圆形多用于有压洞；马蹄形多用于地质条件不良的无压洞；方圆形有利于截流和施工。

洞身设计中，糙率《值的选择是十分重要的问题，糙率的大小直接影响到断面的大小，而衬砌与否、衬砌的材料和施工质量、开挖的方法和质量则是影响糙率大小的因素。一般混凝土衬砌糙率值为0.014～0.025；不衬砌隧洞的糙率变化较大，光面爆破时为0.025～0.032，一般炮眼爆破时为0.035～0.044。设计时根据具体条件，查阅有关手册，选取设计的糙率值。对重要的导流隧洞工程，应通过水工模型试验验证其糙率的合理性。

导流隧洞设计应考虑后期封堵要求，布置封堵闸门门槽及启闭平台设施。有条件者，导流隧洞应与永久隧洞结合，以节省投资（如小浪底工程的三条导流隧洞，后期将改建为三条孔板消能泄洪洞）。一般高水头枢纽，导流隧洞只可能部分地与永久隧洞相结合，中低水头枢纽则有可能全部地相结合。

隧洞围岩应有足够的厚度，并与永久建筑物有足够的施工间距，以避免受到基坑渗水和爆破开挖的影响。进洞处顶部岩层厚度通常在1～3倍洞径之间。进洞位置也可通过经济比较确定。

进出口底部高程应考虑洞内流态、截流、放木等要求。一般出口底部高程与河底齐平或略高,有利于洞内排水和防止淤积影响。对于有压隧洞,底坡在0.1%~0.3%者居多,这样有利于施工和排水。无压隧洞的底坡,主要取决于过流要求。

(二) 导流明渠

1. 导流明渠布置

(1) 布置形式

导流明渠布置分在岸坡上和滩地上两种布置形式。

(2) 布置要求

1) 尽量利用有利地形

布置在较宽台地、垭口或古河道一岸,使明渠工程量最小,但伸出上下游围堰外坡脚的水平距离要满足防冲要求,一般50~100 m;尽量避免渠线通过不良地质区段,特别应注意滑坡崩塌体,保证边坡稳定,避免高边坡开挖。在河滩上开挖的明渠,一般需设置外侧墙,其作用与纵向围堰相似。外侧墙必须布置在可靠的地基上,并尽量能使其直接在干地上施工。

2) 明渠轴线应顺直

以使渠内水流顺畅平稳。应避免采用S形弯道。明渠进、出口应分别与上、下游水流相衔接,与河道主流的交角以30°为宜。为保证水流畅通,明渠转弯半径应大于5倍渠底宽。对于软基上的明渠,渠内水面与基坑水面之间的最短距离,应大于两水面高差的2.5~3.0倍,以免发生渗透破坏。

3) 导流明渠应尽量与永久明渠相结合

当枢纽中的混凝土建筑物采用岸边式布置时,导流明渠常与电站引水渠和尾水渠相结合。

4) 必须考虑明渠挖方的利用

国外有些大型导流明渠,出渣料均用于填筑土石坝。例如巴基斯坦的塔贝拉导流明渠,印度的犹凯坝明渠等。

5) 减小过水断面和防冲措施

在良好岩石中开挖出的明渠,可能无需衬砌,但应尽量减小糙率。软基上的明渠,应有可靠的衬砌防冲措施。有时,为了尽量利用较小的过水断面而增大泄流能力,即使是岩基上的明渠,也用混凝土衬砌。出口消能问题也应受到特别重视。

6) 在明渠设计中应考虑封堵措施

因明渠施工时是在干地上的,同时布置闸墩,方便导流结束时采用下闸封堵方式。国内个别工程对此考虑不周,不仅增加了封堵的难度,而且拖延了工期,影响整个枢纽按时发挥效益，应引以为戒。

2．明渠进出口位置和高程的确定

进口高程按截流设计选择；出口高程一般由下游消能控制；进出口高程和渠道水流流态应满足施工期通航、过木和排冰要求。在满足上述条件下，尽可能抬高进出口高程，以减少水下开挖量。目的在于力求明渠进出口不冲、不淤和不产生回流，还可通过水工模型试验调整进出口形状和位置。

3．导流明渠断面设计

（1）明渠断面尺寸的确定

明渠断面尺寸由设计导流流量控制，并受地形地质和允许抗冲流速影响，应按不同的明渠断面尺寸与围堰的组合，通过综合分析确定。

（2）明渠断面形式的选择

明渠断面一般设计成梯形，渠底为坚硬基岩时，可设计成矩形。有时为满足截流和通航不同目的，也有设计成复式梯形断面。

（3）明渠糙率的确定

明渠糙率大小直接影响到明渠的泄水能力，而影响糙率大小的因素有：衬砌的材料、开挖的方法、渠底的平整度等，可根据具体情况查阅有关手册确定，对大型明渠工程，应通过模型试验选取糙率。

（三）导流底孔及坝体缺口

1．导流底孔

早期工程的底孔，通常均布置在每个坝段内，称跨中布置。例如，三门峡工程，在一个坝段内布置两个宽3 m、高8 m的方形底孔。新安江在每个坝段内布置一个宽10 m、高13 m的门洞形底孔，进口处加设中墩，以减轻封堵闸门重量。另外，国内从柘溪工程开始，相继在凤滩、白山工程采用骑缝布置（也称跨缝布置），孔口高宽比愈来愈大，钢筋耗用量显著减少。白山导流底孔为满足排冰需要，进口不加中墩，且进口处孔高达21 m（孔宽9 m），设计成自动满管流进口。国外也有些工程采用骑缝布置，如非洲的卡里巴，前苏联的克拉斯诺雅尔斯克等。巴西的伊太普工程则采用跨中与骑缝相间的混合布置，孔口宽6.7 m、高22 m。

导流底孔高程一般比最低下游水位低一些，主要根据通航、过木及截流要求，通过水力计算确定。如为封闭式框架结构，则需要结合基岩开挖高程和框架底板所需厚度综合确定。

2．坝体预留缺口

缺口宽度与高程，主要由水力计算确定。如果缺口位于底孔之上，孔顶板厚度应大于3 m。各坝块的预留缺口高程可以不同，但缺口高差一般以控制在4~6 m为宜。当坝体采用纵缝分块浇筑法，未进行接缝灌浆时过水，如果流量大、水头高，应校核单个坝块的稳定。在轻型坝上采用缺口泄洪时，应校核支墩的侧向稳定。

（四）导流涵管

涵管导流的水力学问题，管线布置、进口体形、出口消能等问题的考虑，均与导流底孔和隧洞相似。但是，涵管与底孔也有很大的不同，涵管被压在土石坝体下面，如因布置不妥或结构处理不善，可能造成管道开裂、渗漏，招致土石坝失事。因此，在布置涵管时，还应注意以下几个问题。

1．应使涵管坐落在基岩上

如有可能，宜将涵管嵌入新鲜基岩中。大、中型涵管应有一半高度埋入为宜。有些中小型工程，可先在基岩中开挖明渠，顶部加上盖板形成涵管。前苏联的谢列布良电站，其涵管是在岩基中开挖出来的，枯水流量通过涵管下泄；第一次洪水导流是同时利用涵管和管顶明渠下泄；当管顶明渠被土石坝拦堵后，下一次洪水则仅由涵管宣泄。

2．涵管外壁与大坝防渗土料接触部位

应设置截流环以延长渗径，防止接触渗透破坏。环间距一般可取10~20 m，环高1~2 m，厚度0.5~0.8 m。

3．大型涵管断面也常用方圆形

如上部土荷载较大，顶拱宜采用抛物线形。

三、导流水力计算

导流水力计算的主要任务是估算导流泄水道的泄水能力，以便确定泄水建筑物的尺寸和围堰高度。还有一些计算问题，如冲刷、气蚀、波浪、渗透、调洪演算等，在导流设计中也常涉及到，可参考《水利水电工程施工组织设计手册》和有关规范和设计手册进行。

第五节　导流方案的选择

水利水电枢纽工程施工，从开工到完建往往不是采用单一的导流方法，而是几种导流方式组合起来配合运用，以取得最佳的技术经济目的。这种不同导流时段、不同导流方式的组合，通常称为导流方案。

导流方案的选择受多种因素的影响。一个合理的导流方案，必须在周密研究各种影响因素的基础上，拟定几个可能的方案，进行技术经济比较，从中选择技术经济指标优越的方案。

一、选择导流方案时应考虑的主要因素

（一）水利枢纽类型及布置

分期导流适用于混凝土坝枢纽。因土坝不宜分段修建，且坝体一般不允许过水，故土坝枢纽几乎不用分期导流，而多采用一次拦断法。高水头水利枢纽的后期导流常需多种导流方式的组合，导流程序比较复杂。例如，峡谷处的混凝土坝，前期导流可用隧洞，但后期（完建期）导流往往利用布置在坝体不同高程上的泄水孔。高水头土石坝的前后期导流，一般是在两岸不同高程上布置多层导流隧洞。如果枢纽中有永久性泄水建筑物，如隧洞、涵管、底孔、引水渠、泄水闸等，应尽量加以利用。

（二）河流水文特性和地形地质条件

河流的水文特性，在很大程度上影响着导流方式的选择。每种导流方式均有适用的流量范围。除流量因素外，流量过程线的特征、冰情和泥沙也影响着导流方式的选择。例如，洪峰历时短而峰形尖瘦的河流，有可能采用汛期淹没基坑的方式；含沙量很大的河流，一般不允许淹没基坑。束窄河床和明渠有利于排冰；隧洞、涵管和底孔不利于排冰，如用于排冰，则在流冰期应为明流，而且应有足够的净空，孔口尺寸也不能过小。

宽阔的平原河道，宜采用分期导流或明渠导流。河谷狭窄的山区河道，常用隧洞导流。

（三）尽可能满足施工期国民经济各部门的综合要求

分期导流和明渠导流较易满足通航、过木、排冰、过鱼、供水等要求。采用分期导流方式时，为了满足通航要求，有些河流不能只分两期束窄，而要分成三期或四期，甚至有分成八期的。我国某些峡谷地区的工程，原设计为隧洞导流，但为了满足过木要求，用明渠导流取代了隧洞导流。这样一来，不仅遇到了高边坡深挖方问题，而且导流程序复杂，工期也大大延长了。由此可见，在选择导流方式时，要解决好河流综合利用要求问题，并不是一件容易的事。

（四）尽量结合利用永久建筑物，减少工程量和投资

导流方式的决定一直主要依赖于定性分析。在这种分析中，经验常起主导作用。成功的实例固然不少，但选择不当的也不在少数。1977年，前苏联的别钦，系统研究了影响混凝土坝建设速度的一系列因素，其中包括导流方式。他统计了美、苏等国几十个混凝土坝的有关资料。这些工程所采用的导流方式仅包括分期导流和隧洞导流两种方式。他提出了将河谷形状系数作为地形条件的定量指标，其定义为坝体周边长度与最大坝高之比。根据分析，他提出了选择导流方式的具体建议：对于混凝土坝枢纽，当河谷形状系数小于6.5，导流流量小于5 000 m^3/s时，宜采用隧洞导流；否则，宜采用分期导流。

影响导流方式选择的因素很多，但坝型、水文及地形条件是主要因素。河谷形状系数在一定程度上综合反映了地形、地质等因素。若该系数小，表明河谷为窄深型，岸坡陡峻，一般来说，岩石是坚硬的。水文条件也在一定程度上与河谷形状系数有关。

二、施工导流方案比较与选择的步骤

（一）初拟基本可行方案

进行施工导流方案的比较与选择之前，应先拟订几种基本可行的导流方案。拟订方案时，首先考虑可能采用的导流方式是分期导流还是一次拦断。分期导流应研究分多少期，分多少段，先围哪一岸。还要研究后期导流完建方式，是采用底孔、梳齿、缺口或未完建厂房。一次拦断方式是采用隧洞、明渠、涵管还是渡槽，隧洞或明渠布置在哪一岸。另外，无论是分期，还是一次拦断，基坑是否允许被淹没，是否要采用过水围堰等。在全面分析的基础上，排除明显不合理的方案，保留几种可行方案或可能的组合方案。当导流方式或大方案基本确定后，还要将基本方案进一步细化。例如，某工程只可能采用一次拦断的隧洞导流方式，但究竟是采用高围堰、小隧洞，还是低围堰、大隧洞；是采用一条大直径隧洞，还是采用几条较小直径的隧洞；当有两条以上隧洞时，是采用多线一岸集中布置，还是采用两岸分开布置；在高程上是采用多层布置，还是同层布置等。总之，方案可以很多，拟订方案时，思路要放开。但必须仔细分析工程的具体条件，因地制宜，不能凭空构想。只有这样，才能初步拟订出基本可行方案，以供进一步比较选择。

（二）方案技术经济指标的分析计算

在进行方案比较时，应着重从以下几个方面进行论证：导流工程费用及其经济性；施工强度的合理性；劳动力、设备、施工负荷的均衡性；施工工期，特别是截流、安装、蓄水、发电或其他受益时间的保证性；施工过程中河道综合利用的可行性；施工导流方案实施的可靠性等。为此，在方案比较时，还应进行以下工作：

1. 水力计算

通过水力计算确定导流建筑物尺寸，大、中型工程尚需进行导流模型试验。对主要比较方案，通过试验对其流态、流速、水位、压力和泄水能力等进行比较，并对可能出现的水流脉动、气蚀、冲刷等问题，重点进行论证。

2. 工程量计算与费用计算

对拟订的比较方案，根据水力计算所确定的导流挡水建筑物和泄水建筑物尺寸，按相同精度计算主要的工程量，例如，土方、石方的挖、填方量，砌石方量，混凝土工程量.金属结构安装工程量等。在方案比较阶段，费用计算方法可适当简化，例如可采用折算混凝土工程量方法。这样求出的费用等经济指标虽然难以保证完全准确，但只要能保证各方案在同一基础上比较即可。

3. 拟定施工进度计划

不同的导流方案，施工进度安排是不一样的。首先，应分析研究施工进度的各控制时点，如开工、截流、拦洪、封孔、第一台机组发电时间或其他工程受益时间等。抓住这些控制时点，就可以安排出施工控制性进度计划。然后，根据控制性进度计划和各单项工程进度计划，编制或调整枢纽工程总进度计划，据此论证各方案所确定的工程受益时间和完建时间。

4. 施工强度指标计算与分析

根据施工进度计划，可绘制出各种施工强度曲线。首先，应分析各施工阶段的有效工曰。计算有效工日时，主要是扣除法定节假日和其他停工日。停工日因工种而异。例如，土坝施工过程中，降雨强度超过一定值则需停工；冬季气温过低，也可能需要停工；混凝土坝浇筑过程中，因气温过高、气温过低或降雨强度过大，也可能需要停工。当采用过水围堰淹没基坑导流方案时，还要扣除基坑过水所影响的工作日。

5. 河道综合利用的可能性与效果分析

对于不同的导流方式，河道综合利用的可能性与效果相差很大。除定性分析外，应尽可能做出定量分析。在进行技术经济指标分析与计算时，一定要按科学规律办事，切忌主观夸大某一方案的优缺点。

（三）方案比较与选择

根据上述技术经济指标，综合考虑各种因素，权衡利弊.分清主次。既作定性分析，也作定量比较，最后选择出技术上可靠、经济上合理的实施方案。在比较选择过程中，切忌主观臆断.轻率地确定方案。实践证明，凡是不经充分比较，不从客观实际出发选择的方案，实施中没有不曲折的。

在导流方案比较中，应以规定的完工期限作为统一基准。在此基础上，再进行技术和经济比较。既要重视经济上的合理性，也要重视技术上的可行性和进度的可靠性。否则，也就没有经济上的合理性可言。总之，应以整体经济效益最优为原则。

在选择导流方案时，除了综合考虑以上各方面因素外，还应使主体工程尽可能及早发挥效益，简化导流程序，降低导流费用，使导流建筑物既简单易行，又适用可靠。导流方案的比较选择，应在同精度、同深度的几种可行性方案中进行。首先研究分析采用何种导流方法，然后再研究分析采用什么类型，在此全面分析的基础上，排除明显不合理的方案，保留可行的方案或可能的组合方案。为进一步理解导流方案的选择，特举例叙述如下。

（四）工程实例

长江三峡水利枢纽工程（简称三峡工程），位于长江干流三峡河段，三峡工程由大坝、水电站厂房、通航建筑物等主要建筑物组成。大坝坝顶高程185 m，正常蓄水位175 m，汛期防洪限制水位145 m，枯季消落最低水位155 m.相应的总库容、防洪库容和兴利库容分别为393亿m^3、221.5亿m^3和165亿m^3。安装单机容量70万kW的水轮发电机组26台，总装机容量1820万kW，年发电量847亿kW·h。

选定的坝址位于西陵峡中的三斗坪镇。坝址地质条件优越，基岩为完整坚硬的花岗岩（闪云斜长花岗岩），地形条件也有利于布置枢纽建筑物和施工场地，是一个理想的高坝坝址。选定的坝线在左岸的坛子岭及右岸的白岩尖之间，并穿过河床中的一个小岛（中堡岛）。该岛左侧为主河槽，右侧为支沟（称后河）。

施工导流方案：三斗坪坝址河谷宽阔，江中的中堡岛将长江分为主河床及后河，适于采用分期导流方案。长江为我国的水运交通动脉，施工期通航问题至关重要。分期导流方案设计必须结合施工期通航方案和枢纽布置方案一并研究。在可行性论证和初步设计阶段，对右岸导流明渠施工期通航和不通航两大类型的多种方案，进行了大量的技术经济比较工作。1993年7月，经国务院三峡建设委员会批准，确定为"三期导流，明渠通航"。

第一期围右岸。一期导流的时间为1993年10月至1997年11月，计3.5年。在中堡岛左侧及后河上、下游修筑一期土石围堰，形成期基坑，并修建茅坪溪小改道工程，将茅坪溪水导引出一期基坑。在一期土石围堰保护下挖除中堡岛，扩宽后河修建导流明渠、混凝土纵向围堰，并预建三期碾压混凝土围堰基础部分的混凝土。水仍从主河床通过。

一期土石围堰形成后束窄河床约30%。汛期长江水面宽约1000m，当流量不大于长江通航流量45 000 m³/s时，河床流速为3 m/s左右，因此船只仍可在主航道航行。一期土石围堰全长2502.36 m，最大堰高37 m。堰体及堰基采用塑性混凝土防渗墙上接土工膜防渗型式，局部地质条件不良地段的地基，采用防渗墙下接帷幕灌浆或高压旋喷桩柱墙等措施。混凝土纵向围堰全长1 191.47 m，分为上纵段、坝身段与下纵段。坝身段为三峡大坝的一.部分，下纵段兼作右岸电站厂房和泄洪坝段间的导墙。导流明渠为高低渠复式断面，全长3 726 m，最小底宽350m；右侧渠底宽100m，渠底高程58m（进口部位59m）；左侧渠底宽250m，渠底高程自上至下分别为59 m，58 m，50 m.45 m、53 m。

第二期围左岸。二期导流时间为1997年11月至2002年11月，共计5年。1997年11月实现大江截流后，立即修建二期上、F游横向围堰将长江主河床截断，并与混凝土纵向围堰共同形成二期基坑。在基坑内修建泄洪坝段、左岸厂房坝段及电站厂房等主体建筑物。二期导流时江水由导流明渠宣泄，船舶从导流明渠和左岸已建成的临时船闸通航。

二期上、下游土石围堰轴线长度分别为1 440 m和999 m，最大高度分别为75.5 m和57.0 m，基本断面为石渣堤夹风化砂复式断面，防渗体为1～2排塑性混凝土防渗墙上接土工合成材料，基岩防渗采用帷幕灌浆。二期围堰是在60 m水深中抛填建成，工程量大、基础条件复杂、工期紧迫、施工技术难度极高，是三峡工程最重要的临时建筑物之一。

第三期再围右岸。三期导流时间为2002年至2009年，共计6.5年。总进度安排于2002年汛末拆除二期土石横向围堰，在导流明渠内进行三期截流，建造上、下游土石围堰。在其保护下修建三期上游碾压混凝土围堰并形成右岸三期基坑，在三期基坑内修建右岸厂房坝段和右岸电站厂房。三期截流和三期碾压混凝土围堰施工又是三峡工程施工中的关键技术问题。在导流明渠中截流时，江水从泄洪坝段内高程56.5 m的22个6.5 m×8.5 m的导流底孔中宣泄，截流最大落差达3.5 m，龙口最大流速6.13 m/s，技术难度与葛洲坝大江截流相当。碾压混凝土围堰要求在截流以后的120天内，从高程50 m浇筑到140 m，最大月浇筑强度达39.8万m³/月，最大日上升高度达1.18 m，且很快挡水并确保在近90 m水头下安全运行，设计和施工难度为世所罕见。

三期截流后到水库蓄水前，船只从临时船闸航行，当流量超过12 000 m³/s、上下游水位差超过6 m时，临时船闸不能运行，长江停航。经测算停航时间发生在5月下半月至6月上半月内,共计33天。停航期间设转运码头,用水陆联运解决客货运输问题。

三期碾压混凝土围堰建成后,即关闭导流底孔和泄洪深孔,水库蓄水至135 m,第一批机组开始发电,永久船闸开始通航。

水库蓄水以后,由三期碾压混凝土围堰与左岸大坝共同挡水(下游仍由三期土石围堰挡水),长江洪水由导流底孔及泄洪深孔宣泄。继续在右岸基坑内建造大坝和电站厂房,左岸各主体建筑物上部结构同时施工,直至工程全部建完。

第六节 截流施工

在施工导流中,只有截断原河床水流(简称截流),把河水引向导流泄水建筑物下泄,才能在河床中全面开展主体建筑物的施工。在大江大河中截流是一项难度比较大的工作。

截流过程一般为:先在河床的一侧或两侧向河床中填筑截流戗堤,逐步缩窄河床,称为进占。戗堤进占到一定程度,河床束窄,形成流速较大的过水缺口叫龙口。为了保证龙口两侧堤端和底部的抗冲稳定,通常采取工程防护措施,如抛投大块石、铅丝笼等,这种防护堤端叫裹头。封堵龙口的工作叫合龙。合龙以后,龙口段及戗堤本身仍然漏水,必须在戗堤全线设置防渗措施,这一工作叫闭气。所以整个截流过程包括戗堤进占、龙口裹头及护底、合龙、闭气等四项工作。截流后,对戗堤进一步加高培厚,修筑成设计围堰。

截流在施工导流中占有重要的地位,如果截流不能按时完成,就会延误相关建筑物的开工日期;如果截流失败,失去了以水文年计算的良好截流时机,就会延误整个建筑物施工,河槽内的主体建筑物就无法施工,甚至可能拖延工期一年,在通航河流上甚至严重影响航运。由此可见,截流在施工中占有重要地位。所以在施工导流中,常把截流看作一个关键性工作,它是影响施工进度的一个控制项目。

截流之所以被重视,还因为截流本身无论在技术上和施工组织上都具有相当的艰巨性和复杂性。为了截流成功,必须充分掌握河流的水文、地形、地质等条件,掌握截流过程中水流的变化规律及其影响。做好周密的施工组织,在狭小的工作面上用较大的施工强度,在较短的时间内完成截流。

长江葛洲坝工程于1981年1月仅用35.6h时间,在4 720 m³/s流量情况下胜利截流,为在大江大河上进行截流,积累了宝贵的经验。而1997年11月三峡工程大江截流和2002年11月三峡工程三期导流明渠截流的成功,标志着我国截流工程的实践已经处于世界先进水平。

一、截流的基本方法

河道截流有立堵法、平堵法、立平堵法、平立堵法、下闸截流以及定向爆破截流等多种方法,但基本方法为立堵法和平堵法两种。

(一) 立堵法

立堵法截流是将截流材料从一侧戗堤或两侧戗堤向中间抛投进占,逐渐束窄河床,直至全部拦断。

立堵法截流不需架设浮桥,准备工作比较简单,造价较低。但截流时水力条件较为不利,龙口单宽流量较大,流速也较大,同时水流绕截流戗堤端部产生强烈的立轴漩涡,造成紊流且流速分布很不均匀,易造成河床冲刷,需抛投单个重量较大的截流材料。由于工作前线狭窄,抛投强度受到限制。立堵法截流适用于河道宽、流量大、岩基或覆盖层较薄的岩基河床,对于软基河床应采用护底措施后才能使用。

立堵法截流又分为单戗、双戗和多戗立堵截流,单戗适用于截流落差不超过3 m的情况。

(二) 平堵法

平堵法截流是在整个截流宽度利用浮桥和驳般同时抛投截流材料,抛投料堆筑体全面上升,直至露出水面。因此,合龙前必须在龙口架设浮桥,由于它是沿龙口全宽均匀地抛投,所以其单宽流量小,流速也较小,需要的单个材料的重量也较轻。沿龙口全宽同时抛投强度较大,施工速度快,但有碍于通航,适用于软基河床,能够架桥且对通航影响不大的河流。

(三) 综合法

1. 立平堵

为了既发挥平堵水力条件较好的优点,又降低架桥的费用,有的工程采用先立堵,后在栈桥上平堵的方法。原苏联布拉茨克水电站在截流流量3 600 m^3/s,最大落差3.5 m的条件下,采用先立堵进占,缩窄龙口至100 m,然后利用管柱栈桥全面平堵合龙。

多瑙河上的铁门工程,经过方案比较,也采取了立平堵方法。立堵进占结合管柱找桥平堵。立堵段首先进占,完成长度149.5m,平堵段龙口100 m,由栈桥上抛投完成截流,最终落差达3.72 m。

第四章 导截流工程施工技术

2. 平立堵

对于软基河床，单纯立堵易造成河床冲刷，可采用先平抛护底，再立堵合龙。平抛多利用驳船进行。我国青铜峡、丹江口、大化及葛洲坝等工程均采用此法，三峡工程在二期大江截流时也采用了该方法.取得了满意的效果。由于护底均为局部性，故这类工程本质上属于立堵法截流。

二、截流日期及截流设计流量

截流年份应结合施工进度的安排来确定。截流年份内截流时段的选择，既要把握截流时机选择在枯水流量、风险较小的时段进行；又要为后续的基坑工作和主体建筑物施工留有余地，不致影响整个工程的施工进度。在确定截流时段时，应考虑以下要求：

（1）截流以后

需要继续加高围堰闭气，完成排水、清基、基础处理等大量基坑工作，并应把围堰或永久建筑物在汛期前抢修到一定高程以上。为了保证这些工作的完成，截流时段应尽量提前。

（2）在通航的河流上进行截流

截流时段最好选择在对航运影响较小的时段内。因为截流过程中，航运必须停止，即使船闸已经修好，但因截流时水位变化较大，亦须停航。

（3）在北方有冰凌的河流上截流不应在流冰期进行

因为冰凌很容易堵塞河道或导流泄水建筑物，壅高上游水位，给截流带来极大困难。

综上所述，截流时间应根据河流水文特征、气候条件、围堰施工及通航过木等因素综合分析确定。一般多选在枯水期初，流量已有显著下降的时候。严寒地区应尽量避开河道流冰及封冻期。

截流设计流量是指某一确定的截流时间的截流设计流量。一般按频率法确定，根据已选定截流时段，采用该时段内一定频率的流量作为设计流量，截流设计标准一般可采用截流时段重现期5～10年的月或旬平均流量。

除了频率法以外，也有不少工程采用实测资料分析法。当水文资料系列较长，河道水文特性稳定时，这种方法可应用。至于预报法，因当前的可靠预报期较短，一般不能在初设中应用，但在截流前夕有可能根据预报流量适当修改设计。

在大型工程截流设计中，通常多以选取一个流量为主，再考虑较大、较小流量出现的可能性，用几个流量进行截流计算和模型试验研究。对于有深槽和浅滩的河道，如分流建筑物布置在浅滩上，对截流的不利条件，要特别进行研究。

三、龙口位置和宽度

龙口位置的选择，对截流工作顺利与否有密切关系。选择龙口位置时要考虑下述一些技术要求：

（1）一般说来，龙口应设置在河床主流部位，方向力求与主流顺直。

（2）龙口应选择在耐冲河床上，以免截流时因流速增大，引起过分冲刷。

（3）龙口附近应有较宽阔的场地，以便布置截流运输线路和制作、堆放截流材料。

原则上龙口宽度应尽可能窄些，这样可以减少合龙工程量，缩短截流延续时间，但应以不引起龙口及其下游河床的冲刷为限。

四、截流戗堤位置和参数

截流戗堤是土石围堰的一部分，有的又是永久土石坝的一部分，因此戗堤位置不完全取决于它自身，主要由整个枢纽布置和导流建筑物总体布置确定。就戗堤自身而言，主要应考虑设在围堰防渗体的下游，以避免截流过程中戗堤的粗粒和块石冲至围堰的防渗体部位，造成围堰防渗体施工困难或形成集中渗漏通道。长江三峡工程二期上游围堰设计时，戗堤布置在防渗墙轴线以下，并且要求戗堤水下稳定边坡坡脚与混凝土防渗墙间最小距离按20 m控制。另外戗堤应与截流工区道路顺畅相连，有足够宽敞的施工场地，以保证高强度截流施工。

戗堤位置选择的另一重要因素是龙口位置。龙口是截流中最困难的地段，它不但要考虑截流戗堤两岸的施工资源配置情况，还应考虑河床地质条件，尽量选择地形较高（避开河床深槽）、覆盖层较薄、基岩较坚硬的部位。但龙口若过分偏离主河槽，进占过程中将使河势过早发生改变，对通航河流将产生不利影响。

截流戗堤可分为预进占段、非龙口段和龙口段三部分。预进占段主要指在不影响行洪、通航及河道的其他功能前提下先期填筑的堤段，顶部高程都在洪水位以上，面积宽阔，一般用作截流施工场地和试验基地等。真正的截流是从非龙口段进占开始，直至合龙完成，在大的江河上，大约需要延续几十天。截流戗堤的主要参数是按以下原则确定的。

（一）戗堤顶高程

确定戗堤顶高程，必须考虑整个进占过程中不受洪水的漫溢和冲刷。通常按当旬20年一遇最大日平均流量控制，由于汛后流量控旬逐渐减小，故所有的截流戗堤几乎都是两端高、中间低，地面纵坡一般不大于5%，局部不大于8%，以利车辆行驶。实际施工过程中，大多数工程都充分利用水情预报，不同程度地降低了堤顶高程，以节省进占工程量。葛洲坝工程在203 m龙口段，设计抛投量为21万m³，实际仅抛投10.6万m³，其中堤顶高程降低3m是重要原因之一。

（二）戗堤顶宽度

戗堤顶宽度主要与抛填强度、行车密度和抛投方式有关。截流是与水流搏斗的关键时刻，抛投强度应尽量大，但受堤身宽度限制，不可能无限加大抛投强度。我国大中型工程截流，戗堤顶宽度通常在20～30 m范围内选择。抛投用车辆从20世纪80年代的20～30 t级发展到现在的45～77 t级。20～30 m堤顶宽度相当于4～5个车道及3～4个卸车点的宽度，可以保证每1～1.5 min抛投一车。1997年10月14～15日三峡大江截流期间，创造了日抛投19.4万m³的世界最大抛投强度，其中戗堤11万m³。1997年10月26～27日截流戗堤两端24 h进占，共抛投12.09万m³，5643车·次。在堤顶宽度30 m条件下，平均每个堤头每分钟抛投2车·次。

（三）戗堤边坡

截流戗堤系水中抛投进占形成，它的边坡取决于抛投料的自然休止角。设计时则根据土工试验成果确定，如石渣料一般采用1∶1.5，实测结果为1∶1.3左右。但堤身的稳定边坡不是进占过程中瞬时完成的，长江三峡大江截流模型试验发现，由于截流水深达60 m，戗堤进占过程中有多次较大面积的堤头塌滑现象发生。设计与施工单位事先研究了塌滑机理，并采取了充分的对策措施，在实际施工中尽管也有塌滑，但没有给截流造成障碍。克服大面积塌滑的主要措施之一，是预先平抛垫底，抬高河床，减小水深。

五、截流水力计算

截流水力计算的目的是确定龙口诸水力参数的变化规律。它主要解决两个问题：一是确定截流过程中龙口各水力参数，如单宽流量q、落差z及流速u等的变化规律；二是由此确定截流材料的尺寸或重量及相应的数量等。这样，在截流前，可以有计划、有目的地准备各种尺寸或重量的截流材料及其数量，规划截流现场的场地布置，选择装卸、运输设备；在截流时，能预先估计不同龙口宽度的截流参数，何时何处应抛何种尺寸或重量的截流材料及其方量等。

随着截流戗堤的进占，龙口逐渐被束窄，因此经分流建筑物和龙口的泄流量是变化的，但二者之和恒等于截流设计流量。变化规律为：开始时，大部分截流设计流量经龙口下泄，随着龙口断面的不断被进占的戗堤所束窄，龙口上游水位不断上升，当上游水位高出泄水建筑物以后，经龙口的泄流量就越来越小，经分流建筑物的泄流量则越来越大，龙口合龙闭气后，截流设计流量全部经由泄水建筑物下泄。

六、截流材料及备料量

（一）截流材料尺寸

在截流中，合理选择截流材料的尺寸或重量，对于截流的成败和截流费用的节省具有重大意义。截流材料的尺寸或重量取决于龙口的流速。

（二）截流材料类型

截流材料类型的选择，主要取决于截流时可能发生的流速及开挖、起重、运输设备的能力，一般应尽可能就地取材。国内外大江大河截流的实践证明，块石是截流的最基本材料。此外，当截流水力条件较差时，还必须使用人工块体，如混凝土六面体、四面体、四脚体及钢筋混凝土构架等，减少截流材料的流失。

（三）截流材料备料量

为确保截流既安全顺利，又经济合理，正确计算截流材料的备料量是十分必要的。备料量通常按设计的戗堤体积再增加一定裕度。主要是要考虑堆存、运输中的损失，水流冲失，戗堤沉陷以及可能发生比设计更坏的水力条件而预留的备用量等。

第七节 基坑排水

修建水利水电工程时，在截流戗堤合龙、闭气以后，就要排除基坑内的积水和渗水，以保持基坑基本干燥状态，以利于基坑开挖、地基处理及建筑物的正常施工。

基坑排水工作按排水时间及性质，一般可分为：①基坑开挖前的初期排水，包括基坑积水、基坑积水排除过程中的围堰堰体与基础渗水和堰体及基坑覆盖层中的含水量、可能出现的降水的排除；②基坑开挖及建筑物施工过程中的日常排水，包括围堰和基坑渗水、降水以及施工弃水量的排除；如按排水方法分，有明式排水和人工降低地下水位两种。

第四章　导截流工程施工技术

一、明式排水

基坑排水系统的布置

排水系统的布置通常应考虑两种不同情况。一种是基坑开挖过程中的排水系统布置；另一种是基坑开挖完成后修建建筑物时的排水系统布置。布置时，应尽量同时兼顾这两种情况，并且使排水系统尽可能不影响施工。

基坑开挖过程中的排水系统布置，应以不妨碍开挖和运输工作为原则。一般常将排水干沟布置在基坑中部，以利两侧出土。随基坑开挖工作的进展，逐渐加深排水干沟和支沟。通常保持干沟深度为1～1.5m，支沟深度为0.3～0.5 m。集水井多布置在建筑物轮廓线外侧，井底应低于干沟沟底。但是，由于基坑坑底高程不一，有的工程就采用层层设截流沟、分级抽水的办法，即在不同高程上分别布置截水沟、集水井和水泵站，进行分级抽水。

建筑物施工时的排水系统，通常都布置在基坑四周。排水沟应布置在建筑物轮廓线外侧，且距离基坑边坡坡脚不少于0.3～0.5 m。排水沟的断面尺寸和底坡大小，取决于排水量的大小。一般排水沟底宽不小于0.3 m，沟深不大于1.0 m，底坡不小于0.002。在密实土层中，排水沟可以不用支撑，但在松土层中，则需用木板或麻袋装石来加固。

基坑水经排水沟流入集水井后，利用在井边设置的水泵站抽排出坑外。集水井布置在建筑物轮廓线以外较低的地方，它与建筑物外缘的距离必须大于井的深度。井的容积至少要能保证水泵停止抽水10～15 min，井水不致漫溢。集水井可为长方形，边长1.5～2.0 m，井底高程应低于排水沟底1.0～2.0m。在土中挖井，其底面应铺填反滤料；在密实土中，井壁用框架支撑；在松软土中，利用板桩加固。如板桩接缝漏土，尚需在井壁外设置反滤层。集水井不仅可用来集聚排水沟的水量，而且还应有澄清水的作用，因为水泵的使用年限与水中含沙量的多少有关。为了保护水泵，集水井宜稍微偏大偏深一些。

为防止降雨时地面径流进入基坑而增加抽水量，通常在基坑外缘边坡上挖截水沟，以拦截地面水。截水沟的断面及底坡应根据流量和土质而定，一般沟宽和沟深不小于0.5 m，底坡不小于0.002，基坑外地面排水系统最好与道路排水系统相结合，以便自流排水。为了降低排水费用，当基坑渗水水质符合饮用水或其他施工用水要求时，可将基坑排水与生活、施工供水相结合。丹江口工程的基坑排水就直接引入供水池，供水池上设有溢流闸门，多余的水则溢入江中。

明式排水系统最适用于岩基开挖。对砂砾石或粗砂覆盖层，当渗透系数K_s>172.8 m/d时，且围堰内外水位差不大的情况也可用。在实际工程中也有超出上述界限的。

例如丹江口的细砂地基，渗透系数约为17.3 m/d，采用适当措施后，明式排水也取得了成功。不过，一般认为，当$K_s<86.4$ m/d时，以采用人工降低水位法为宜。

二、人工降低地下水位

日常排水过程中，为了保持基坑开挖工作始终在干地进行，常常要多次降低排水沟和集水井的高程，变换水泵站的位置，影响开挖工作的正常进行。此外，在开挖细砂土、砂壤土一类地基时，随着基坑底面的下降，坑底与地下水位的高差愈来愈大，在地下水渗透压力作用下，容易产生边坡塌滑、坑底隆起等事故，甚至危及临近建筑物的安全，给开挖工作带来不良影响。

而采用人工降低地下水位，可以改变基坑内的施工条件，防止流砂现象的发生，基坑边坡可以陡些，从而可以大大减少挖方量。人工降低地下水位的基本做法是：在基坑周围钻设一些井，地下水渗入井中后，随即被抽走，使地下水位线降到开挖的基坑底面以下，一般应使地下水位降到基坑底下0.5～1.0 m。人工降低地下水位的方法，按排水工作原理可分为管井法和井点法两种。管井法是单纯重力作用排水，适用于渗透系数$K=10$～250 m/d的土层；井点法还附有真空或电渗排水的作用，适用于$K=0.1$～50 m/d土层。

（一）管井法降低地下水位

管井法降低地下水位时，在基坑周围布置一系列管井，管井中放入水泵的吸水管，地下水在重力作用下流入井中，由水泵抽走。

管井通常由埋设钢井管而成，在缺乏钢管时也可用木管或预制混凝土管代替。井管的下部安装滤水管节（滤头），有时在井管外还需设置反滤层，地下水从滤水管进入井内，水中的泥沙则沉淀在沉淀管中。滤水管是井管的重要组成部分，其构造对井的出水量和可靠性影响很大。要求它透水能力强，进入的泥沙少，有足够的强度和耐久性。

井管埋设可采用射水法、振动射水法或钻孔法。射水法是先用高压水冲土下沉套管，较深时可配合锤击或振动（振动射水法），下沉到设计深度后，在套管中插入井管，最后在套管与井管的间隙里边填反滤层边拔套管，逐层上拔，直至完成。

管井抽水可应用各种抽水设备，但主要用普通离心泵、潜水泵或深井泵，分别可降低水位3～10 m、6～20 m和20 m以上，一般采用潜水泵较多。用普通离心泵抽水，由于吸水高度的限制，当要求降低地下水位较深时，要分层设置管井，分层进行排水。

要求大幅度降低地下水位的深井中抽水时，最好采用专用的深井泵。每个深井泵都是独立工作，井的间距也可以加大，深井泵一般深度大于20 m，排水效果好，需要井数少。

（二）井点法降他地下水位

井点法降低地下水位与管井法不同，它把井管和水泵的吸水管合二为一，简化了井的构造。井点法的设备，按其降深能力分为轻型井点（浅井点）和深井点等，轻型井点最常用。轻型井点是由井管、集水总管、普通离心式水栗、真空栗和集水箱等设备所组成的一个排水系统。

轻型井点系统的井点管为直径38～50 mm的无缝钢管，间距为0.6～1.8 m，最大可达3.0 m。轻型井点系统开始工作时，先开动真空荥，排除系统内的空气，待集水井内的水面上升到一定高度后，再启动水泵排水。地下水从井管下端的滤水管借真空泵和水泵的抽吸作用流人管内，沿井管上升汇人集水总管，流人集水箱，由水泵排出。水泵开始抽水后，为了保持系统内的真空度，仍需真空泵配合水泵工作。这种井点系统也叫真空井点。

井点法降低地下水位的下降深度，取决于集水箱内的真空度与管路的漏气和人为损失。一般集水箱内真空度为53～80kPa（约400～600mmHg），相应的吸水高度为5～8 m，扣去各种损失后，地下水位的降低深度为4～5 m。

当要求地下水位降低的深度超过4～5 m时，可以像管井一样分层布置井点，每层控制范围3～4 m，但以不超过3层为宜。分层太多，基坑范围内管路纵横，妨碍交通，影响施工，同时也增加挖方量，而且当上层井点发生故障时，下层水泵能力有限，地下水位会回升，基坑有被淹没的可能。

真空井点抽水时，在滤水管周围形成一定的真空梯度，加速了土中水的排出速度，所以即使在渗透系数小到0.1 m/d的土层中，也能进行工作。

布置井点系统时，为了充分发挥设备能力，集水总管、集水管和水泵应尽量接近天然地下水位。当需要几套设备同时工作时，各套总管之间最好接通，并安装闸阀，以便相互支援。井管的安设，一般用射水法下沉。距孔口1.0m范围的井管与土体之间，应用粘土封闭，以防漏气。排水工作完成后，可利用杠杆将井管拔出。

深井点与轻型井点的不同，在于它的每一根井管上都装有扬水器（水力扬水器或压气扬水器），所以它不受吸水高度的限制，有较大的降低地下水位的能力。

深井点有喷射井点和扬水井点两种。

喷射井点由集水池、高压水泵、输水干管和喷射井管等组成。通常一台高压水泵能为30～35个井点服务，其最适宜的降水位范围为5～18 m。喷射井点的排水效率不高，一般用于渗透系数为3～50 m/d，渗流量不大的场合。

压气扬水井点是用压气扬水器进行排水。排水时压缩空气由输气管送来，由喷气装置进入扬水管，于是，管内容重较轻的水气混合液在管外水压力的作用下，沿水管上升到地面排走。为达到一定的扬水高度，就必须将扬水管沉入井中有足够的潜没深度，使扬水管内外有足够的压力差。压气扬水井点降低地下水位最大可达40m。

第八节 其他关键工作

与导流施工有关，又影响整个工程施工的其他关键工作，还有拦洪度汛，围堰拆除，明渠封堵，落闸蓄水等。

一、坝体拦洪度汛

水利水电枢纽施工过程中，中后期的施工导流，往往需要由坝体挡水或拦洪。坝体能否可靠拦洪与安全度汛，将影响工程的进度与成败。

（一）坝体拦洪标准

施工期坝体拦洪度汛包括两种情况。一种是坝体高程修筑到无需围堰保护或围堰已失效时的临时挡水度汛；另一种是导流泄水建筑物封堵后，永久泄洪建筑物已初具规模，但尚未具备设计的最大泄洪能力，坝体尚未完建的度汛。这一施工阶段，通常称为水库蓄水阶段或大坝施工期运用阶段。此时，坝体拦洪度汛的洪水重现期标准取决于坝型及坝前拦洪库容。

（二）拦洪度汛措施

如果施工进度表明，汛期到来之前若坝体不可能修筑到拦洪高程时，必须考虑其他拦洪度汛措施。尤其当主体建筑物为土石坝且坝体填筑又相当高时，更应给予足够的重视，因为一旦坝身过水，就会造成严重的溃坝后果。拦洪度汛措施因坝型不同而不同。

1. 混凝土坝的拦洪度汛

混凝土坝体是允许漫洪的，若坝身在汛期前不可能浇筑到拦洪高程，为了避免坝身过水时造成停工，可以在坝面上预留缺口以度汛，待洪水过后再封填缺口，全面上升坝体。另外，

如果根据混凝土浇筑进度安排，虽然在汛前坝身可以浇筑到拦洪高程，但一些纵向施工缝尚未灌浆封闭时，可考虑用临时断面挡水。但必须提出充分论证，采取

相应措施，以消除应力恶化的影响。为提前挡水，就采用了调整纵缝位置、提高初期灌浆高程和改变纵缝形式等措施，以改善坝体的应力状态。

2. 土石坝拦洪度汛措施

土石坝一般是不允许过水的。若坝身在汛期前不可能填筑到拦洪高程时，一般可以考虑采用降低溢洪道高程、设置临时溢洪道并用临时断面挡水，或经过论证采用临时坝体保护过水等措施。

（1）采用临时断面挡水时，应注意以下几点：

①临时挡水断面顶部应有足够的宽度，以便在紧急情况下仍有余地抢筑子堰，确保度汛安全。②临时挡水断面的边坡应保证稳定，其安全系数一般应不低于正常设计标准。为防止施工期间由于暴雨冲刷和其他原因而坍坡，必要时应采取简单的防护措施和排水措施。③心墙坝的防渗体一般不允许单独作为临时挡水断面。④上游垫层和块石护坡应按设计要求筑到拦洪高程，否则应考虑临时的防护措施。下游坝体部位，为满足临时挡水断面的安全要求，在基础清理完毕后，应按全断面填筑几米后再收坡，必要时应结合设计的反滤排水设施统一安排考虑。

（2）采用临时坝面过水时，应注意以下几点：

①为保证过水坝面下游边坡的抗冲稳定，应加强保护或作成专门的溢流堰，例如利用反滤体加固后作为过水坝面溢流堰体等，并应注意堰体下游的防冲保护。②靠近岸边的溢流体的堰顶高程应适当抬高，以减小坝面单宽流量，减轻水流对岸坡的冲刷。③过水坝面的顶高程一般应低于溢流堰体顶高程$0.5 \sim 2.0$ m或做成反坡式，以避免过水坝面的冲淤。④根据坝面过流条件，合理选择坝面保护型式，防止淤积物渗入坝体，特别要注意防渗体、反滤层等的保护。必要时上游设置拦污设施，防止漂木、杂物淤积坝面，撞击下游边坡。

二、封堵蓄水

在施工后期，要根据发电、灌溉及航运等国民经济各部门所提出的综合要求，确定竣工、运用安排，有计划地进行导流临时泄水建筑物的封堵和水库的蓄水工作。

（一）蓄水计划

蓄水计划是施工后期进行施工导流，安排施工进度的主要依据。水库蓄水要解决的主要问题有：

确定蓄水历时计划，并据以确定水库开始蓄水的日期。水库蓄水可按保证率为$5\% \sim 85\%$的月平均流量过程线来制订。

复核库水位上升过程中大坝施工的安全性，并据以拟定大坝浇筑的控制性进度计划和坝体纵缝灌浆的进程。

（二）导流泄水建筑物的封堵

1．封孔日期及设计流量

封孔日期与初期蓄水计划有关。导流孔洞的封堵，一般在枯水期进行。

下闸封堵导流临时泄水建筑物的设计流量，应根据河流水文特征及封堵条件，采用封堵时段5～10年重现期的月或旬平均流量，或按实测水文统计资料分析确定。封堵工程施工阶段的导流设计标准，则应根据工程重要性、失事后果等因素在该时段5～20年重现期范围内选定。

2．封堵方式及措施

导流孔洞最常用的封堵方式是首先下闸封孔，然后浇筑混凝土塞封堵。

（1）下闸封孔

常见的封孔闸门有钢闸门、钢筋混凝土叠梁闸门、钢筋混凝土整体闸门等。对于此类闸门，国外多用同步电动卷扬机沉放。我国新安江和柘溪工程的导流底孔封堵，成功地应用了多台5～10 t手摇绞车，顺利沉放了重达321 t和540 t的钢筋混凝土整体闸门。这种封孔方式断流快，水封好，方便可靠，特别是库水位上升较快时，广泛用于最后封孔。

为了减轻封孔闸门重量，也有采用空心闸门或分节式闸门的。一般来说，这种闸门不宜用作最后封孔。对于无需过木、排冰的导流孔洞，可在洞进口处设中墩，以便减少封孔闸门重量，国内外许多工程就是这样做的。

（2）浇筑混凝土塞

导流底孔一般为坝体的一部分，因此封堵时需全孔堵死；而导流隧洞或涵管并不需要全孔堵死，只浇筑一定长度的混凝土塞，就足以起永久挡水作用。

常用的混凝土塞为楔形，也有采用拱形和球壳形的。为了保证混凝土塞与洞壁之间有足够的抗剪力，通常均采用键槽结合。当混凝土塞体积较大时，为防止因温度变化而引起开裂，应分段浇筑。必要时还需埋设冷却水管降温，待混凝土塞达到稳定温度时，再进行接缝灌浆。

（三）初期蓄水

大型水利水电枢纽的工程量大，工期长，为了满足国民经济发展需要，往往边施工边蓄水，以便使枢纽提前发挥效益。国内已建的许多大型工程，如新安江、柘溪、乌江渡、丹江口和葛洲坝等均在施工期间开始蓄水。

水库施工期蓄水又称初期蓄水，通常是指临时导流建筑物封堵后至水库开始发挥效益为止的时期。水库开始发挥效益，一般是指达到发电或灌溉所要求的最低水位。进行初期蓄水规划时，必须考虑河道综合利用要求。

初期蓄水计算的主要内容为：蓄水历时计算，据此确定临时泄水建筑物的最迟封堵日期；

复核库水位上升过程中大坝施工的安全性，据此拟定大坝施工进度及后期度汛措施。对于混凝土坝，主要是拟定大坝浇筑的控制性进度计划和坝体接缝灌浆的进程。

蓄水历时计算，常采用频率法或典型年法。采用频率法时，一般取保证率为75%～85%的流量。根据控制性进度计划确定的初期发电日期或其他投产日期以及计算出的蓄水历时，可求得导流孔洞封堵日期。如果求得的日期正值洪水期，应进一步研究洪水期封堵的可能性与合理性。因洪水期封堵非常困难，且技术复杂，故多改为枯水期封堵，并相应地调整坝体施工进度。

封堵蓄水后，必须校核坝体安全上升高程，要求各月末坝体前沿最低高程达到下月最高水位以上。除了不能让坝体漫水外，还应校核临时挡水断面的稳定和应力。对于混凝土坝，为了不给后续工程施工造成困难和不良后果，校核坝体上升高程时，还要考虑预留下纵缝灌浆和坝体封拱灌浆所需要的高度。施工期蓄水前，坝前水库已具有一定库容，在计算坝前水位和校核防洪度汛安全时，应考虑水库调蓄作用。

三、施工期通航、过木、排冰与下游供水

（一）施工期临时通航与过木

采用分期导流方式的河流，尽量利用束窄河床承担前期导流的通航与过木任务。只要河床束窄度不太大，这一任务的解决并无很大困难。但是，中、后期导流阶段，河水通过未完建坝体中的底孔、缺口、厂房或隧洞宣泄，此时，无论是临时通航或是利用水面漂木，都会遇到很大困难。因此，要求施工期不断航和漂木不受阻，并非所有河道都能办到。长江是我国最重要的通航河道，葛洲坝工程截流期间也断航半年多。由于中小型河流上通航的船舶体积较小，所以也有一些工程在中、后期导流时，利用底孔或隧洞通行木船的。显然，此时底孔和隧洞中应有足够的净空，且进出口水流比较平顺，不能有过大的集中落差。否则，船只与人身安全就无法保证。

采用一次拦断导流方式的河流，天然通航的货运量不会太大，但漂木任务往往较重。为了解决这一问题，某些工程坝址处河道尽管比较狭窄，也放弃了隧洞导流方式，而采用明渠导流方式。采用这种导流方式既有局部成功的经验，也有不少教

训。这是由于在狭窄河道上采用明渠导流时，施工干扰大，总工期大大拖长。

应当指出，施工期临时通航与过木，只是施工导流规划的一部分。几十年来的建设经验表明，忽视施工通航或片面强调航运部门利益，以至于提出不合实际要求的两种倾向均有存在，借鉴以往工程经验时应当注意。

施工期临时通航与过木，对水力条件有一定要求。除了水力计算外，重要工程还需进行模型试验。葛洲坝工程甚至还进行了实船试验，才最后确定了施工期临时通航标准。

对于一般性河流和小型船舶，当缺乏资料时，可参考以下数据：如流速小于2.0 m/s时，机动木船可以自航；当流速小于3.0～3.5 m/s，且局部水面集中落差不大于0.5 m时，拖轮可自航；木材流放最大流速可考虑3.5～4.0 m/s。

（二）施工期排冰

在严寒地区河流上修建水利水电工程时，应掌握河道冰情。河道冰情主要包括流冰、冰封、开河日期，流冰量与冰块尺寸，冰封期的冰盖厚度，开河方式（文开河、武开河或半文半武开河），是否有冰坝形成等。

流冰河道上的截流日期，应避免流冰期和冰封期，一般选在流冰期开始以前。选择导流方式和拟定导流泄水建筑物孔口尺寸时，应尽量考虑自然排冰的要求。在确定围堰顶部高程时，还要考虑冰坝壅水高度。有个别工程曾因考虑不周，造成冰坝壅水淹没基坑。当流冰量较多，冰块尺寸较大，泄水建筑物不能安全下泄时，需采取人工破冰措施。可安全下泄的冰块大小，常通过导流模型试验确定。后期导流建筑物往往不能满足全部排冰之需要。此时，可采取排、蓄结合方式，在水库内拦截部分流冰，导流建筑物封堵后，可在水库中蓄冰。

（三）施工期下游供水

施工期下游供水，是河道综合利用中的主要问题之一。为了满足下游供水要求，应尽量利用永久泄水建筑物，如果永久泄水建筑物的孔口高程过高，难以满足供水要求时，则需采用特殊供水措施。常用措施有水泵抽水，虹吸管供水，在封孔闸门上留孔，或设旁通管供水等。

四、围堰的拆除

围堰是临时建筑物，导流任务完成后，应按设计要求拆除，以免影响永久建筑物的施工及运转。例如，在采用分段围堰法导流时，第一期横向围堰的拆除，如果不合要求，势必会增加上、下游水位差，从而增加第二期截流工作的难度，增大截

第四章 导截流工程施工技术

流料物的重量及数量。这类经验教训在国内外是不少的,如苏联的伏尔谢水电站截流时,上下游水位差是1.88 m,其中由于引渠和围堰没有拆除干净,造成的水位差就有1.73 m。又如下游围堰拆除不干净,会抬高尾水位,影响水轮机的利用水头。浙江省富春江水电站曾受此影响,降低了水轮机出力,造成不应有的损失。

  土石围堰相对来说断面较大,拆除工作一般是在运行期限的最后一个汛期过后,随上游水位的下降,逐层拆除围堰的背水坡和水上部分。但必须保证依次拆除后所残留的断面,能继续挡水和维持稳定,以免使基坑过早淹没,影响施工,发生安全事故。土石围堰的拆除一般可用挖土机或爆破开挖等方法。

  钢板桩格型围堰的拆除,首先要用抓斗或吸石器将填料清除,然后用拔桩机起拔钢板桩。混凝土围堰的拆除,一般只能用爆破法拆除,但应注意,必须使主体建筑物或其他设施不受爆破危害。

五、明渠封堵

  导游明渠结构布置应考虑后期封堵要求。当施工期有通航、放木和排冰任务,明渠较宽时,可在明渠内预设闸门墩,以利于后期封堵。

第五章 水闸工程施工

第一节 概述

一、引言

水闸是应用最广、功能最全的控制水流建筑物，也是施工工序较复杂的水工建筑物。现浇混凝土水闸施工与大体积混凝土坝施工的不同，主要表现在精细的钢筋加工、高瘦的模板架构、复杂的接缝止水、繁多的精准预埋件和窄深空间内的浇筑等方面。

水闸工程一般由闸室段、上游连接段和下游连接段组成。建造内容包括：闸室段下部（底板及基础、防渗及止水设施、下置启闭闸门设施），闸室段中部（闸墩、胸墙和岸墙）；闸室段上部（工作桥及上置启闭闸门设施、检修桥、交通桥、启闭机房等）；上游连接段（上游翼墙、铺盖、护底和护岸）和下游连接段（泄槽护坦及消力池、防冲设施、下游翼墙和护岸）。其中每段都有与两岸的连接问题，而且是按先下部、后上部的施工程序进行的。水闸施工应以闸室为主，岸墙、翼墙为辅，穿插进行上、下游连接段施工。水闸工程的分部工程验收，可按地基开挖、基础处理、闸室土建工程、上下游连接段工程、闸门和启闭机安装、电气设备安装工程、自动化控制工程、管理设施工程等分部进行。

闸室的下部结构大多是"板状"结构底板，虽工作面较大，但断面规则，施工以水平运输为主。整体式结构的闸底板有平底板或反拱底板，作为墩墙基础的平底板其施工总是先于墩墙；而反拱底板的施工一般是先浇墩墙，预留联结钢筋，待沉陷稳定后再浇反拱底板；分离式结构的闸底板为小底板，应该先浇墩墙，待沉降稳定后再浇小底板。

闸墩和岸墙是闸室的中部结构，系墙体结构，高瘦的模板架构和窄深空间内的浇筑施工，弧形闸门的牛腿结构是闸墩施工的重要节点，还包括一定数量的门槽二期混凝土和预埋件安装等工作。

第五章 水闸工程施工

闸室的上部结构大都为装配式构件。选择吊装机械应与墩墙施工的竖直运输统一考虑，力求做到一机多用，经济合理；液压启闭式的闸墩结构不设机架桥、机房，结构形式更加合理。

上下游翼墙及护岸，大多为曲面，用砌石或预制块砌筑，也有混凝土现浇；铺盖、护坦及消力池多为钢筋混凝土现浇；下游护底、防冲设施多采用块石笼铺砌、宾格网块石笼等。

水闸施工应做到优质、安全、经济，保证工期。所以水闸施工组织设计要充分考虑施工现场条件和合同要求，结合工期计划进行合理安排。水闸施工前，应根据批准的设计文件编制施工组织设计。对地基差、技术复杂、涉及面广的大型水闸，应根据需要编制专项施工组织设计。

遇到松软地基、严重的承压水、复杂的施工导流（如拦河截流、开挖导流）、特大构件的制作与安装、混凝土温控等重要问题时，应提请设计方做出专门研究。

必须按设计图纸施工。如需修改，应有设计单位的修改补充图和设计变更通知书。施工组织设计的重大修改，必须经原审批单位批准。水闸施工应积极采用经过试验和鉴定的新技术、新工法。施工过程中施工单位可以根据实际情况提出合理的设计变更建议，由建设单位组织设计、监理、施工单位现场论证通过后实施。该变更增加的费用由建设单位承担。

水闸施工必须建立完整的施工技术档案。工程质量评定与工程验收，应按《水利水电基本建设工程单元工程质量等级评定标准》与《水利基本建设工程验收规程》有关规定执行。

二、内容提要

本章主要以精细的钢筋加工、高瘦的模板架构、复杂的接缝止水、繁多的精准预埋件和窄深的空间浇筑为主线，围绕现浇混凝土水闸工程的施工程序，分别介绍了地基开挖与排水设施施工、防渗设施施工、模板与钢筋加工，水闸主体部位（底板和墩墙）施工的技术要点等内容。此版作为全国应用本科教材，为进一步突出务实特色，适应社会需要、结合生产实际，充实了一些过去不讲的内容，如"金属结构及机电设备的安装、校验和试运转"；"观测设施和施工期观测"；"砌石的施工要点"等。还特别增加了经过水利部和中国水利工程协会评审，于2012年公布的由山东临沂水利工程总公司申报的"内丝对拉螺栓加固墩墙模板新工艺"和"充水式橡胶坝螺栓压板锚固一次浇筑施工工法"。

三、学习要求

掌握现浇钢筋混凝土水闸的施工技法的施工机械与工艺；

学会现浇钢筋混凝土水闸的施工程序及施工方案与要求。

第二节　施工测量

要实现水闸最全的控制水流功能，施工精度是关键，测量工作是基础，测量控制是手段，测量贯穿全过程。

一、一般规定

施工单位应建立专业组织或指定专人负责施工测量工作，并及时、准确地提供各施工阶段所需的测量资料。

施工测量前，建设单位应向施工单位提交施工图、闸址中心线标志和附近平面、高程控制等资料。建设单位应安排设计单位专业测量人员会同监理、施工单位进行交桩和控制点测设，施工单位的测量控制网应通过监理或专业测量机构复核后进行施工测量工作。

施工平面控制网的坐标系统，应与设计阶段的坐标系统相一致，也可根据施工需要建立与设计阶段的坐标系统有明确换算关系的独立坐标系统。施工高程控制系统必须与设计阶段的高程系统相一致，施工时，应经过详细复核。

各主要测量标志应统一编号，并绘于施工总平面图上，注明各有关标志相互间的距离、高程及角度等，以免发生差错。施工期内，对测量标志必须妥善保护并定期检测。

二、施工测量

施工中，应进行以下测量工作：

①开工前，应对原设控制点、中心线复测，布设施工控制网，并定期检测；②建筑物及附属工程的点位放样；③建筑物的外部变形观测点的埋设和定期观测；④竣工测量。

平面控制网的布置，以轴线网为宜，如采用三角网时，水闸轴线宜作为三角网的一边。根据现场闸址中心线标志测设轴线控制的标点（简称轴线点），其相邻标点位置的中误差不应大于15 mm。平面控制测量等级宜按一、二级小三角及一、二线导线测量有关技术要求进行。

施工水准网的布设应按照由高到低逐等控制的原则进行。接测国家水准点时，必须两点以上，检测高差符合要求后，才能正式布网。工地永久水准基点宜设地面明标和地下暗标各一座。大型水闸应设置明标、暗标各两座。基点的位置应在不受施工影响、地基坚实、便于保存的地点，埋设深度应在冰冻层以下0.5m，并浇灌混凝土基础。

放样前，对已有数据、资料和施工图中的几何尺寸，必须检核。严禁凭口头通知或无签字的草图放样。发现控制点有位移迹象时，应进行检测，其精度应不低于测设时的精度。

闸室底板上部立模的点位放样，直接以轴线控制点测放出底板中心线（垂直水流方向）和闸孔中心线（顺水流方向），其中误差要求为±2 mm；而后用钢带尺直接丈量弹出闸墩、门槽、门轴、岸墙、胸墙、工作桥、公路桥等平面立模线和检查控制线，据以进行上部施工。

立模、砌（填）筑高程点放样，应遵守下列规定：

①供混凝土立模使用的高程点、混凝土抹面层、金属结构预埋及混凝土预制构件安装时，均应采用有闭合条件的几何水准法测设；②对软土地基的高程测量是否要考虑沉陷因素，应与设计单位联系确定。③对闸门预埋件、安装高程和闸身上部结构高程的测量，应在闸底板上建立初始观测基点，采用相对高差进行测量。④对牛腿、门槽等精度要求高的部位，在混凝土浇筑过程中必须现场安设经纬仪进行平面位移观测，发现问题及时处理，防止模板变形过大影响闸室结构尺寸和金属结构安装。

竣工测量内容及归档资料应包括下列项目：

①施工控制网（平面、高程）的计算成果；②建筑物基础底面和引河的平面、断面图；③建筑物过流部位测量的图表和说明；④外部变形观测设施的竣工图表及观测成果资料；⑤有特殊要求部位的测量资料。

第三节 施工导流与地基开挖

水闸的施工导流与地基开挖，一般包括引河段的开挖与筑堤、导流建筑物的开挖与填筑以及施工围堰修筑与拆除、基坑开挖与回填等项目，工程量大.需要认真进行施工组织与计划。为此在施工前应对土石方进行综合平衡，做到次序合理，挖填结合。方量计算时，基坑边坡可根据《水利水电枢纽工程等级划分及设计标准》规定，基坑边坡稳定的安全系数一般不小于1.05的要求来确定。同时，还应考虑施工方法（采用人工还是机械开挖）、渗流、降雨等实际因素。比如，为减轻对砂性土边坡的冲蚀，可放缓边坡。在粉细砂、砂壤土地层中，若将集水坑降水改为井点降水，有效降低了地下水位，可取消龙沟，改陡边坡。

施工导流与地基开挖，首先应根据实际工程条件和施工条件，通过技术经济分析比较，选择合理的施工方案。

一、制定导流施工方案

水闸的要点如下：

（1）施工导流、截流及度汛应制定专项施工措施设计，重要的或技术难度较大的须报上级审批。

（2）导流建筑物的等级划分及设计标准应按《水利水电枢纽工程等级划分及设计标准》有关规定执行。

（3）当按规定导流标准导流有困难时，经充分论证并报主管部门批准，可适当降低标准；但汛期前，工程应达到安全度汛的要求。在感潮河口和滨海地区建闸时，其导流挡潮标准不应降低。

（4）在引水河、渠上的导流工程应满足下游用水的最低水位和最小流量的要求。

（5）在原河床上用分期围堰导流时，不宜过分束窄河面宽度，通航河道尚需满足航运的流速要求。

（6）截流方法、龙口位置及宽度应根据水位、流量、河床冲刷性能及施工条件等因素确定。

（7）截流时间应根据施工进度，尽可能选择在枯水、低潮和非冰凌期。

（8）对土质河床的截流段，应在足够范围内抛筑排列严密的防冲护底工程，并随龙口缩小及流速增大及时投料加固。

（9）合龙过程中，应随时测定龙口的水力特征值，适时改换投料种类、抛投强度和改进抛投技术。截流后，应立即加筑前后戗，然后才能有计划地降低堰内水位，并完善导渗、防浪等措施。

（10）在导流期内，必须对导流工程定期进行观测、检查，并及时维护。

（11）拆除围堰前，应根据上下游水位、土质等情况，确定充水、闸门开度等放水程序。

（12）围堰拆除应符合设计要求，筑堰的块石、杂物等应拆除干净。

二、基坑排水和降低地下水位

水闸工程施工中注意以下要点：

场区排水系统的规划和设置，应根据地形、施工期的径流量和基坑渗水量等情况确定，并应与场区外的排水系统相适应。基坑的排水设施.应根据坑内的积水量、地下渗流量、围堰渗流量、降雨量等计算确定。抽水时，应适当限制水位下降速率。基坑的外围应设置截水沟与围埂，防止地表水流入。降低地下水位（简称降水，下同）可根据工程地质和水文地质情况，选用集水坑或井点降水。必要时，可配合采用截渗措施。集水坑降水适用于无承压水的土层。井点降水适用于砂壤土、粉细砂或有承压水的土层。

集水坑降水应符合下列规定：

①抽水设备能力宜为基坑渗透流量和施工期最大H降雨径流量总和的1.5～2.0倍；②基坑底、排水沟底、集水坑底应保持一定深差；③集水坑和排水沟应设置在建筑物底部轮廓线以外一定距离；④挖深较大时，应分级设置平台和排水设施；⑤流沙、管涌部位应采取反滤导渗措施。

井点降水措施设计应包括：

①井点降水计算（必要时，可做现场抽水试验.确定计算参数）；②井点平面布置、井深、井的结构、井点管路与施工道路交叉处的保护措施；③抽水设备的型号和数量（包括备用量）；④水位观测孔的位置和数量；⑤降水范围内已有建筑物的安全措施。

管井井点的设置应符合下列要求：

①成孔宜采用清水固壁。采用泥浆护壁时，泥浆应符合有关规定；②井管应经清洗，检查合格后方能使用，各段井管的连接应牢固；③滤布、滤料应符合设计要求，滤布应紧固；井底滤料应分层铺填，井侧滤料应均匀连续填人，不得猛倒；④成井后，应即采用分段自上而下和抽停相间的程序抽水洗井；⑤试抽时，应检查地下水位下降情况，调整水泵使抽水量与渗水量相适应，并达到预定降水简程。

轻型井点设置应符合下列规定：

①安装顺序宜为敷设集水总管.沉放井点管，灌填滤料，连接管路，安装抽水机组；②各部件均应安装严密，不漏气。集水总管与井点管宜用软管连接；③冲孔孔径不应小于30 cm，孔底应比管底深0.5 m以上，管距宜为0.8～1.6 m；④每根井点管沉放后，应检查渗水性能；井点管与孔壁之间填砂滤料时，管口应有泥浆水冒出；或向管内灌水时，能很快下渗，方为合格；⑤整个系统安装完毕后，应及时试抽，合格后，将孔口下0.5m深度范围用粘性土填塞。

井点抽水时，应监视出水情况，如发现水质浑浊，应分析原因及时处理。降水期间，应按时观测、记录水位和流量，对轻型井点并应观测真空度。井点管拔除后，应按设计要求填塞。

具体来说，基坑水位与周围的地下水位密切相关。基坑水位的允许下降速率，视围堰型式、地基特性及基坑内外水位确定，对土质围堰一般为0.5 m/d左右。

对砂壤土、粉细砂土或有承压水的土层，应根据水头、水量分别选用不同类型的井点降水。

在进行井点降水措施的施工设计时，需要准确掌握降水区域工程地质和水文地质资料，所采用的土层渗透系数必须可靠。当工程规模较大或土层情况较复杂时，应做校核抽水试验。

布置井点时，一般要求将地下水降至基坑底以下0.5~1.0 m，井点系统应布置成封闭型。当采用管井井点降水时，形成的降水漏斗较大，可能会引起附近建筑物的沉降，应制定观测计划和相应措施。

三、地基开挖

地基开挖的原理、做法和要求，可参见第3章"地基处理与基础工程施工"的有关内容。

1. 土方开挖和填筑一般规定

（1）土方开挖和填筑，应优化施工方案，正确选定降、排水措施，并进行挖填平衡计算，合理调配。

（2）弃土或取土宜与其他建设相结合，并注意环境保护与恢复。

（3）当地质情况与设计不符合时，应会同有关单位及时研究处理。

（4）发现文物古迹、化石以及测绘、地质、地震、通讯等部门设置的地下设施和永久性标志时，均应妥善保护，及时报请有关部门处理。

2. 基坑开挖的一般要求

（1）基坑边坡应根据工程地质、降低地下水位措施和施工条件等情况，经稳定验算后确定。

（2）开挖前，应降低地下水位，使其低于开挖面0.5 m。

（3）采用机械施工时，对进场道路和桥涵应进行调查和必要的加宽、加固。合理布置施工现场道路和作业场地，并加强维护。必要时加铺路面。

（4）基坑开挖宜分层分段依次进行，逐层设置排水沟，层层下挖。

（5）根据土质、气候和施工机具等情况，基坑底部应留有一定厚度的保护层，在底部工程施工前，分块依次挖除。

（6）水力冲挖适用于粉砂、细砂、砂壤土、中轻粉质壤土、淤土和易崩解的粘性土。

（7）在负温下，挖除保护层后，应即采取可靠的防冻措施。

（8）陡边坡及强风化岩石深基坑开挖时，应结合实际情况采取必要的支护措施。

第四节 防渗导渗设施和地基处理

水闸的防渗设施一般有铺盖、板桩和齿墙；导渗设施一般是平铺式排水及其反滤层；应该与地基处理措施一并考虑。

一、铺盖

铺盖布置在闸室上游侧，用相对不透水的材料做成，常用的有粘性土、混凝土、钢筋混凝土、沥青混凝土，在小型水闸中也有采用浆砌块石的。近年来，随着土工合成材料的推广应用，亦有采用土工膜防渗的。

（一）粘性土铺盖

粘性土铺盖的填筑应符合下列规定：

填筑时，应尽量减少施工接缝，如分段填筑，其接缝的坡度不应陡于1：3；

填筑达到高程后，应即保护，防止晒裂或受冻；

填筑到止水设施时，应防止止水遭受破坏，并与止水妥善联结。

为了保证粘性土铺盖碾压施工质量，要严格控制粘性土的含水量，分层压实。每层厚度一般25~30 cm。粘性土铺盖的平面尺寸无论多大，都不分缝，分段施工的交接处应取缓于1：3的缓坡，以利于结合防渗。表面铺设的干砌块石、浆砌块石或混凝土保护层与粘性土铺盖之间，应铺设中粗砂类的过渡层。

（二）混凝土及钢筋混凝土铺盖

钢筋混凝土铺盖长度一般采用3~5倍的上、下游水位差，但不宜超过20 m。因长度超过20 m后，为了减小地基不均匀沉降及温度变化的影响，就要设置永久缝及其止水。同理，闸室较宽的情况下，也需设置纵向（顺水流方向）伸缩缝。根据已建工程经验，在地基土质较好时，缝距不宜超过15~20 m，土质中等时，不宜超过10~15 m，土质较差时不宜超过8~12 m。为了减轻翼墙及墙后填土对铺盖不利的影响，靠近翼墙的铺盖，缝距宜采用小值。铺盖与周边建筑物之间亦需设置沉降缝。

边缘接触处设增厚齿墙，缝内设置止水。

混凝土或钢筋混凝土铺盖的厚度根据构造要求确定，为了保证防渗效果及满足施工要求，厚度不宜小于0.4 m，通常做成等厚度。一般采用C15或C20混凝土，并可利用它作为上游的防冲护坦，也可作为增加闸室抗滑稳定性的阻滑板。

钢筋混凝土铺盖，一般配置的是适量的构造钢筋，一般在面层配置直径12～14 mm，间距25～30 cm的钢筋网。在靠近闸室及两侧翼墙的部位，有时有根据边荷载的影响配置的受力钢筋。如果要利用铺盖作为闸室的阻滑板，必须配置轴向受拉钢筋。这种钢筋在与闸室连接的接缝中，应采用铰接的构造形式（见图6-2）。考虑到接缝中的钢筋有可能锈蚀，截面积应适当加大，一般按铺盖受拉钢筋配筋量的1.5倍取用。

钢筋混凝土铺盖应按分块间隔浇筑。在荷载相差过大的邻近部位，应等沉降基本稳定后，再浇筑交接处的分块或预留的二次浇筑带。

在混凝土铺盖上行驶重型机械或堆放重物，必须经过验算。

（三）沥青混凝土铺盖

沥青混凝土铺盖的施工，应按照《土石坝碾压式沥青混凝土防渗墙施工规范》执行。

沥青混凝土铺盖是用沥青、砂、砾石、矿物粉按一定的配合比例，加热拌合，分层铺筑压实，沥青混凝土铺盖的厚度一般为5～10 cm，通常选用60号石油沥青。柔性虽不如黏土铺盖，但亦有一定的适应地基变形的能力，也可兼作上游护底之用。沥青混凝土铺盖像黏土铺盖一样，中间不分缝，分层铺筑和压实，各层的铺筑缝须错开。铺盖与闸室或翼墙底板混凝土的连接处，铺盖厚度应适当加厚。

二、板桩

板桩是采用最多的铅直防渗措施。一般设在闸室底板高水位一侧或设在铺盖起端。而设在低水位一侧的短板桩，主要是为了减少出口的渗透坡降，但同时也增加了底板渗透压力。板桩长度一般采用0.8～1.0倍上、下游最大水位差。板桩的种类，按材料不同可分为钢板桩、木板桩、钢筋混凝土板桩等。近年来随着先进设备的出现及施工技术水平的提高，目前多采用施工方便、造价低廉的铅直锯槽敷设土工膜（铺塑）或多头小直径深层搅拌桩形成的水泥土截渗墙、机械成槽塑混凝土防渗墙等新技术来进行铅直防渗。

角桩或始桩应加长1～2 m，其横截面宜放大，制成凹榫，桩尖应对称。打入桩宜凹榫套凸榫。自角桩或始桩接出的第一根板桩制成两面凸榫，两向合拢桩制成两面凹榫。

木板桩的凹凸榫应平整光滑，桩身宜超长10 cm。制成的板桩应试拼编号，并套榫叠放。钢筋混凝土板桩应根据土质情况和施工条件，浇制一定数量的备用桩。施打前，应复查，并清除附着杂污。

打入板桩应符合下列要求：

（1）封闭型的板桩应先打角桩；多套桩架施打时，应分别设始桩；角桩和始桩应保持垂直；

（2）应设置有足够强度和刚度的导向围囹，以保持桩位正确；

（3）板桩顶部宜加卡箍或桩帽，钢筋混凝土板桩顶部应加弹性衬垫；

（4）随时观测板桩的垂直度，并及时纠正，两向合拢时，按实际打入板桩的偏斜度，用大小头木板桩封闭之；

（5）在砂土或砂壤土中，可用水冲法，冲一根打一根，最后1～2 m必须用锤击至规定高程，每根板桩宜连续施打；

（6）木板桩打完后，桩顶宜用马钉或螺栓与围囹木联成一体，防止挤压变位，并按桩顶设计高程锯平；

（7）做好施工记录。

三、齿墙

齿墙主要起阻滑作用，同时可增加地下轮廓线的防渗长度。一般用混凝土和钢筋混凝土做成，深度一般为0.5～1 m，为浅齿墙。如果出现以下两种情况，一般采用深齿墙：

①水闸在闸室底板后面紧接斜坡段，并与原河道连接时，在与斜坡连接处的底板下游侧，采用深齿墙（墙深大于1.5 m），主要是防止斜坡段冲坏，会危及闸室安全，能保护闸基土不被破坏；②当闸基透水层较浅时，可用深齿墙截断透水层，齿墙底部深入不透水层0.5～1.0 m。深齿墙配置的钢筋很重要。

四、反滤层

铺筑砂石料级配反滤层应在地基检验合格后进行，并应符合下列规定：

①反滤层厚度、滤料的粒径、级配和含泥量等，均应符合要求；②铺筑时，应使滤料处于湿润状态，以免颗粒分离，并防止杂物或不同规格的料物混入；③相邻层面必须拍打平整，保证层次清楚，互不混杂；每层厚度不得小于设计厚度的85%；④分段铺筑时，应将接头处各层铺成阶梯状，防止层间错位、间断、混杂。

铺筑土工织物滤层应符合下列规定：

①铺设应平整、松紧度均匀，端部锚着应牢固；②连接可用搭接、缝接，搭接长度根据受力和基土条件决定；③存放和铺设，不宜长时间曝晒。

滤层与混凝土或浆砌石的交界面应加以隔离，防止砂浆流入。放水前，排水孔应清理，并灌水检查，孔道畅通后，用小石子填满。

五、地基处理

这里具体明确水闸工程中常用的几种地基处理方法的施工要求。

规范要求，对已确定的地基处理方法应作现场试验，并编制专项施工措施设计。在处理过程中，如遇地质情况与设计不符时，应及时与设计方沟通并修改施工措施设计。

（一）换土（砂）地基

砂垫层的砂料应符合设计要求并通过试验确定。如用混合砂料应按优选的比例拌和均匀。砂料的含泥量不应大于5%。粘性土垫层的土料应符合设计要求。取用前料场表面覆盖层应清理干净，并作好排水系统。土料的含水量应在控制范围内，否则应在料场处理。挖土和铺料时，不宜直接践踏基坑底面，可边挖除保护层边回填。回填料应按规定分层铺填，密实度应符合设计要求。下层的密实度经检验合格后，方可铺填上一层，竖向接缝应相互错开。砂垫层选用水撼、振动等方法密实时，宜在饱和状态下进行。粘性土垫层宜用碾压或夯实法压实。填筑时，应控制地下水位低于基坑底面。粘性土垫层的填筑应作好防雨措施。填土面宜中部高四周低，以利排水。雨前，应将已铺的松土迅速压实或加以覆盖。雨后，对不合格的土料应晾晒或清除，经检查合格后，方可继续施工。

负温下填筑应符合下列规定：

①铺土、压实、取样检验等工序应快速连续作业；②压实时，砂料的温度应在0℃以上，粘性土的温度应在-1℃以上；③已压实的土层应防冻保温，避免冻胀；④已冻结的土层应加以清除，然后才能继续填筑。

（二）振冲地基

振冲法适用于砂土或砂壤土地基的加固；软弱粘性土地基必须经论证方可使用。振冲置换所用的填料宜用碎石、角砾、砾砂或粗砂，不得使用砂石混合料。填料最大粒径不应大于50 mm，含泥量不应大于5%，且不得含黏土块。

振冲法的施工设备应满足下列要求：

①振冲器的功率、振动力和振动频率应按土质情况和工程要求选用；②起重设备的吊重能力和提升高度，应满足施工和安全要求，一般起重能力为80～150kN；③振冲器的出口水压宜为0.4～0.8MPa，供水量宜控制在200～400 L/min之间；④应有控制质量的装置。

施工前，应进行现场试验，确定反映密实程度的电流值、留振时间及填料量等施工参数。造孔时，振冲器贯人速度宜为1～2 m/min，且每贯入0.5～1.0 m宜悬挂留振。留振时间应根据试验确定，一般为5～10 s。制桩宜保持小水量补给，每次填料应均匀对称，其厚度不宜大于50 cm。填料的密实度以振冲器留振时的工作电流达到规定值为控制标准。振冲桩宜采用由里向外或从一边向另一边的顺序制桩。孔位偏差不宜大于100 mm，完成后的桩顶中心偏差不应大于0.3倍的桩孔直径。振冲时应检查填料量、反映密实程度的电流值和留振时间是否达到规定要求。制桩完毕后应复查，防止漏桩。桩顶不密实部分应挖除或采取其他补救措施。砂土、砂壤土地基的加固效果检验，分别在加固七天及半个月后，对桩间土采用标准贯人、静力触探等方法进行。对复合地基可采用荷载试验检验。

（三）钻孔灌注桩基础

钻孔灌注桩成孔可根据地质条件选用回转、冲击、冲抓或潜水等钻机。

护筒埋设应符合下列规定：

①用回转钻机时，护筒内径宜大于钻头直径20 cm；用冲击、冲抓钻机时，宜大于30 cm；②护筒埋置应稳定，其中心线与桩位中心的允许偏差不应大于50 mm；③护筒顶端应高出地面30 cm以上；当有承压水时，应高出承压水位1.5～2.0 m；④护筒的埋设深度：在地面粘性土中不宜小于1.0 m，在软土或砂土中不宜小于2.0 m；护筒四周应分层回填粘性土，对称夯实。

采用泥浆护壁和排渣时，应符合下列规定：

①在黏土和壤土中成孔时，可注人清水，以原土造浆护壁。排渣泥浆的比重应控制在1.1～1.2；②在砂土和夹砂土层中成孔时，孔中泥浆比重应控制在1.1～1.3；在砂卵石或易坍孔的土层中成孔时，孔中泥浆比重应控制在1.3～1.5；③泥浆宜选用塑性指数>17的黏土调制。泥浆控制指标：粘度18～22 s，含砂率不大于4%～8%，胶体率不小于90%；④施工中，应经常在孔内取样，测定泥浆的比重。

钻机安置应平稳，不得产生沉陷或位移。钻进时，应注意土层变化情况并做好记录。

终孔检查后，应即清孔。清孔应符合下列规定：

①孔壁土质较好且不易坍孔时，可用空气吸泥机清孔；②用原土造浆的孔，清

孔后泥浆比重应控制在1.1左右；③孔壁土质较差时，宜用泥浆循环清孔，清孔后的泥浆比重应控制在1.15～1.25，泥浆含砂率控制在8%以内；④清孔过程中，必须保持浆面稳定；⑤清孔标准。摩擦桩的沉渣厚度应小于30 cm。端承桩的沉渣厚度应小于10 cm。

钢筋骨架的焊接、固定以及保护层的控制应符合下列规定：

①分段制作钢筋骨架时，应对各段进行预拼接，作好标志；放入孔中后，两侧钢筋对称施焊，以保持其垂度；②钢筋骨架的顶端必须固定，以保持其位置稳定，避免上浮；③控制钢筋的混凝土保护层的环形垫块宜分层穿在加强箍筋上，加强箍筋应与主筋焊接。

灌注水下混凝土的导管应符合下列要求：

①每节导管长一般为2 m，最下端一节为4 m，导管底口不设法兰盘，并应配有部分调节用的短管；②导管应做压水试验，并编号排列；③拼装前，应检查导管是否有缺损或污垢。拼接时，应按编号连接严密；④每拆一节，应即将其内外壁清洗干净；⑤隔水栓宜用预制混凝土球塞。

配制水下混凝土应符合下列规定：

①水泥标号不应低于325号，水泥性能除应符合现行标准的要求外，其初凝时间不宜早于2.5 h；②粗骨料最大粒径应不大于导管内径的1/6和钢筋最小间距的1/3，并不大于40 mm；③砂率一般为40%～50%，应掺用外加剂，水灰比不宜大于0.6；④坍落度和扩散度分别以18～22 cm和34～38 cm为宜，水泥用量一般不宜少于350 kg/m³。

灌注水下混凝土应符合下列要求：

①导管下口至孔底间距宜为30～50 cm；②初灌混凝土时，宜先灌少量水泥砂浆；导管和储料斗的混凝土储料量应使导管初次埋深不小于1 m；③灌注应连续进行；导管埋入深度应不小于2.0 m，并不应大于5.0 m；混凝土进入钢筋骨架下端时，导管宜深埋，并放慢灌注速度；④终灌时，混凝土的最小灌注高度应能使泥浆顺利排出，以保证桩的上段质量；⑤桩顶灌注高度应比设计高程加高50～80 cm；⑥随时测定坍落度，每根桩留取试块不得少于一组；当配合比有变化时，均应留试块检验。

桩的质量可用无破损检验法进行初验，必要时，可对桩体钻芯取样检验。

（四）沉井

沉井施工前，应根据地质资料编制沉井施工措施设计。选定下沉方式，计算沉井各阶段的下沉系数，再确定制作、下沉等施工方案。从沉井制作迄至沉井下沉前，应保持地下水位低于基坑底面0.5 m。采用承垫木方法制作沉井时，砂垫层应分层密实，其厚度应根据沉井的重力、地基土的承载力等因素确定。根据沉井的重力和垫层的容许承载力确定承垫木的数量、尺寸，并核算其强度。承垫木之间应用砂填实。

采用无承垫木方法制作沉井时，可铺垫适当厚度的素混凝土或砂垫层，其厚度由计算确定。沉井刃脚采用砖模或土模时，应保证其设计尺寸，并采取有效的防水、排水措施。分节沉井制作的高度应保证其稳定性和顺利下沉，沉井制作总高度不宜超过沉井的短边，也不宜超过12m。接高沉井的各节竖向中心线应重合。

沉井的刃脚模板应在混凝土达到设计强度的70%后，方可拆除。沉井外壁应平滑。浆砌块石沉井的外侧面应用水泥砂浆抹平。沉井的混凝土或砌筑砂浆达到设计强度，其余各节达到设计强度的70%后，方可下沉。封底的沉井，在下沉前，对封底、底板与井壁结合部应凿毛处理；井壁上的穿墙孔洞或对穿螺栓等应进行防渗处理。抽承垫木应分组、依次、对称、同步地进行，每抽出一组即用砂填实。定位支垫木应最后同时抽出。在抽承垫木过程中，应进行观测，发现倾斜及时纠正。

挖土应符合下列规定：

①挖土应有计划地分层、均匀、对称地进行，先挖中部后挖边部，从中间向两端伸展；每层挖深不宜大于0.5 m；分格沉井的井格间土面高差不应超过1.0m；②排水挖土时，地下水位应降低至开挖面下0.5 m；不排水挖土时，沉井内外水位要保持接近，防止翻砂，并备有向井内补水的设备；③沉井近旁不得堆放弃土、建筑材料等，避免偏压；④沉井下沉至距设计高程2 m左右时，应放缓下沉速率，及时纠偏，并防止超沉。

沉井施工的全过程应按时观测。下沉时，每班至少观测两次，及时掌握和纠正沉井的位移和倾斜。并列群井宜同时下沉。如受条件限制，可分组、间隔、对称均衡下沉。沉井下沉至设计高程，应待井体稳定后，方可封底。

干封底应符合下列要求：

①沉井基底挖至设计高程后应清除浮泥，排干积水；②多格沉井应分格对称地浇筑，防止不均匀下沉；③在封底和底板混凝土未达到设计强度时,应控制地下水位；停止抽水时，应验算沉井的抗浮稳定性。

采用导管法进行水下混凝土封底时，除参照《水工混凝土施工规范》的有关规定外，尚应符合下列要求：

①对井底基面、接缝及止水等应进行清理；②水下封底混凝土应连续浇筑，导管的数量和间距应使混凝土能相互覆盖；③混凝土达到设计强度后，方可从沉井内抽水；如提前抽水，应经验算。

无底沉井内的填料应按设计要求分层压实。沉井与沉井间的连接和接缝处理应保证防渗性能，并宜在各沉井全部封底或回填后进行。

沉井下沉完毕后的允许偏差应符合下列规定：

①刃脚平均高程与设计高程的偏差不得超过100 mm；②沉井四角中任何两个角的刃脚底面高差不得超过该两个角间水平距离的0.5%，且不得超过150 mm；如其间的水平距离小于10 m，其高差可为100 mm；③沉井顶面中心的水平位移不得超过下沉总深度（下沉前后刃脚高差）的1%；下沉总深度小于10 m时，不宜大于100 mm。上述偏差应在沉井封顶时，根据水闸上部尺寸的要求，予以调整补救。

沉井施工完毕后应进行中间验收，并应提供下列资料：

①沉井制作、下沉、封底、接缝、回填等过程的施工记录；②沉井到位相对稳定后的位移、扭转、沉降、高程及高差等测量记录；③穿过的土层和基底检验资料；④如沉井出现裂缝，应有观察及处理情况的资料。

（五）高压喷射灌浆

高压喷射灌浆的单管法用于制作直径0.3～0.8 m的旋喷桩，二管法用于制作直径1 m左右的旋喷桩，三管法用于制作直径1～2 m的旋喷桩或修筑防渗板墙。高压喷射灌浆孔孔深应满足设计要求，成孔孔径一般比喷射管径大3～4 cm。钻机、管架应定位正确，安装平稳。孔位误差不大于10 cm，孔的倾斜率应小于1.5%。水泥浆液宜采用325号或425号硅酸盐水泥或普通硅酸盐水泥.浆液的比重为1.5～1.8，并按需要加人外加剂，但不宜使用引气型外加剂。水泥浆液的配合比和外加剂的用量应通过试验确定。水泥浆液应搅拌均匀，随拌随用。余浆存放时间不得超过4 h。喷射前，应检查喷射管是否畅通，各管路系统应不堵、不漏、不串。严格按规定喷射和提升，如有异常应将喷射灌浆装置下落到原位置，重新喷射。施工完毕后，所有机具设备应立即清洗干净。筑造防渗板墙时，冒出地面的浆液经水沉淀处理后，可重复使用。喷射灌浆终了后，顶部出现稀浆层、凹槽、凹穴时，可将灌浆软管下至孔口以下2～3 m处，用灌浆压力为0.2～0.3MPa、比重为1.7～1.8的水泥浆液，由下而上进行二次灌浆。

在喷射过程中，应随时进行监测，并记录有关施工参数。可采用钻孔取芯、试坑等方法，检查灌浆体的深度、直径（厚度）、抗压强度、抗渗性能及板墙接缝等。

此外，还有强夯地基、粉喷桩地基、回填胶凝砂砾料地基等地基处理技术。

六、土方填筑

水利工程严格控制超挖，不得不开挖部分的回填土方，也应严格控制填筑质量：

填筑前，必须清除基坑底部的积水、杂物等。填筑的土料，应符合设计要求。控制土料含水量；每次铺土厚度宜为25～30 cm，并应使密实至规定值。

岸墙翼墙后的填土，应符合下列要求：

①墙背及伸缩缝经清理整修合格后，方可回填，填土应均衡上升；②靠近岸墙、翼墙、岸坡的回填土宜用人工和小型机具夯压密实，每次铺土厚度宜适当减薄；③分段处应留有坡度，错缝搭接，并注意密实。

墙后填土和筑堤应考虑预加沉降量。墙后排渗设施的施工程序，应先回填再开挖槽坑，然后依次铺设滤料等。

第五节　浇筑混凝土的分块与接缝

一、筑块划分

设计常利用结构缝（包括沉降缝与温度缝）将闸分为许多结构块。为了施工方便，当结构块较大时，又须用施工缝分为若干筑块。分块时应避免在弯矩及剪力较大处分缝，并应考虑建筑物的断面变化及模板的架立等因素。筑块的尺寸和体积要同结构块相协调，并同时考虑设备的生产能力和运输能力，以及浇筑的连续性。

二、接缝止水设施的施工

为了适应地基的不均匀沉降和伸缩变形，在水闸设计中均设置温度缝与沉陷缝，经常用沉陷缝兼温度缝作用。缝有铅直和水平的两种，缝宽一般为1.0～2.5 cm。缝中填料及止水设施，在施工中应按设计要求确保质量。

（一）缝中填料的施工

缝中的填充材料，常用的有沥青油毛毡、沥青杉木板、闭孔泡沫板和沥青芦席等多种，现有膨胀止水条定型产品。其安装方法有以下两种。

（1）将填充材料用铁钉固定在模板内侧后，再浇混凝土，这样拆模后填充材料即可贴在混凝土上，然后立沉陷缝的另一侧模板并浇筑混凝土。如果沉陷缝两侧的结构需要同时浇灌，则沉陷缝的填充材料在安装时要竖立得平直，浇筑时沉陷缝两侧混凝土的上升高度要一致。

先在缝的一侧立模，并在模板内侧预先钉好安装填充材料的长铁钉数排，能使铁钉的1/3露出浇筑的混凝土外面。然后安装填料、敲弯铁钉尖使填料固定在已浇筑的混凝土面上。再立另一侧模板并浇筑混凝土。

若闸墩接缝两侧的混凝土要同时浇筑，可借固定模板用的预制混凝土块和对销螺栓夹紧,使填充材料竖立平直,浇筑时混凝土上升要均衡。

(二)缝中止水的施工

凡是位于防渗范围内的缝,都有止水设施。止水设施分铅直止水和水平止水两种。

1．水平止水

水平止水大都采用橡塑止水带,其安装与沉降缝填料的安装方法一样。

水平止水的紫铜片的凹槽应向上,以便于用沥青灌填密实。水平止水片下的混凝土难以浇捣密实,因此,止水片翼缘不应在浇筑层的界面处,而应将止水片翼缘置于浇筑层的中间。在浇筑前,应将止水片上的水泥渣等污物清理干净,以免造成渗漏。

2．铅直止水

止水的金属片,重要的部位用紫铜片,一般部位用铝片、镀锌铁皮或镀铜铁皮等。

预制混凝土槽板,每节长度可为0.3～0.5 m左右,与浇筑混凝土的接触面应凿毛,以利结合。安装时需用水泥砂浆胶结,随缝的上升分段接高。沥青井的沥青可一次灌注,也可分段灌注。止水片接头要进行牢固的焊接或包(粘)接。

3．止水交叉的连接

止水的交叉有两类。一类是铅直缝与水平缝的交叉,称为"铅直交叉";另一类是水平缝与水平缝的交叉,称为"水平交叉"。交叉处止水片的连接方式,有柔性连接与刚性连接两种。前者是在交叉止水片就位后,外包以沥青块体;后者是将金属止水片适当裁剪,然后再用气焊焊接。工程中多根据交叉类型及施工条件来决定止水片的连接方法。"铅直交叉"一般用于柔性连接;"水平交叉"则多采用刚性连接。

(三)永久缝的施工规范要求

紫铜止水片的制作应符合下列规定:

①清除表面的油渍、浮皮和污垢;②宜用压模压制成型,转角和交叉处接头,应在内场制作,并留有适当长度的直线段,以利外场搭接;接缝必须焊接牢固.焊前宜用紫铜铆钉铆定,焊后应检验是否漏水;③搭接长度不得小于20 mm。

塑料和橡胶止水片应避免油污和长期曝晒。塑料止水片的接头宜用电热熔接牢固。橡胶止水片的接头可用氯丁橡胶粘接,重要部位应热压粘接。止水片的安设可用模板嵌固,不得留有钉孔。紫铜止水片的沉降槽,应用沥青灌填密实。

油毡板的制作和安设应符合下列规定:

①根据气温情况，选用30甲或10号的建筑石油沥青，防止高温流淌；②预制时，要求场地平整，层毡层油，涂刷均匀；③油毡板宜安设在先浇筑部位的模板上，使其与两次浇筑的混凝土都能紧密结合；④止水片的沉降槽和油毡片应在同一立面上。

浇筑止水缝部位的混凝土时，应注意下列事项：

①水平止水片应在浇筑层的中间，在止水片高程处，不得设置施工缝；②浇筑混凝土时，不得冲撞止水片。当混凝土将掩埋止水片时，应再次清除其表面污垢；③振捣器不得触及止水片；④嵌固止水片的模板应适当推迟拆模时间。立利工程施预留浙青孔的安装，应符合下列规定：

①孔柱混凝土预制件的外壁必须凿毛，接头封堵密实；②预制件宜逐节安设，逐节灌注热沥青，如一次灌注沥青孔，应在孔内设置热元件。

第六节 混凝土现浇施工要点

一、一般规定

水闸混凝土工程的施工宜掌握以闸室为中心，按照"先深后浅、先重后轻、先高后矮、先主后次"的原则进行。

混凝土浇筑是主要环节，闸室又是水闸的主体部位，恰当安排各部分的施工程序，对提高质量、保证安全、缩短工期、降低造价，有着十分重要的影响。一般原则是：

①应先浇深基础，后浇浅基础，以免扰动已浇部位的基土，导致混凝土沉降、走动或断裂。②应先浇荷重较大的部位，使地基达到沉陷相对稳定，以减轻对邻近部位混凝土产生的不良影响。③作为闸墩基础的闸底板及其上部的闸墩、胸墙和桥梁，高度较大、层次较多、工作量较集中，需要的施工时间也较长，在混凝土浇完后，接着就要进行闸门、启闭机安装等工序，为了平衡施工力量，加速施工进度，必须集中力量优先进行。④其他如铺盖、消力池、翼墙等部位的混凝土.则可穿插其中施工，以利施工力量的平衡。

水闸混凝土必须根据其所在部位的工作条件，分别满足强度、抗冻、抗渗、抗侵蚀、抗冲刷、抗磨损等性能及施工和易性的要求。水闸混凝土的施工，应从材料选择、配合比设计、温度控制、施工安排和质量控制等方面，采取综合措施，防止产生裂缝和钢筋锈蚀。

当选用商品混凝土浇筑水闸闸墩时，应严格控制水灰比和进行必要的论证。

二、模板

模板工程是混凝土浇筑前准备工作的主要项目之一。正确选择模板形式和架设方法，对于保证工程质量，降低工程造价，加快施工速度，有着十分重要的意义。在混凝土工程施工中，模板工程费用所占的比例相当大，据国内外的统计资料分析表明，一般约占混凝土工程费用的15%～20%。

（一）对模板的基本要求

模板结构应具备下述基本要求：

（1）具有足够的刚度、强度和稳定性；

（2）能承受新浇混凝土的重力、侧压力以及施工过程中可能产生的其他各种荷载。其变形在允许范围内，模板的允许挠度，对于建筑物外表面模板为其计算跨度的1/400；内表面或隐蔽部位为1/250；

（3）保证结构物的形状、尺寸和各部位相互位置的正确，符合设计要求；

（4）拼接缝紧密不漏浆，并能保证混凝土施工质量，达到平整光滑；

（5）制作简单，装拆方便，周转次数高，有利于快速、经济施工；

（6）选型选材，应根据结构物的特点、质量要求及使用次数决定，但应尽可能选用钢、混凝土及钢筋混凝土等材料，少用或不用木材；

（7）力求考虑模板结构构件和尺寸的标准化和系列化，即使用一定规格品种的通用模板。模板设计除上述基本要求外，尚应提出对材料、制作、安装和拆除工艺的具体要求，设计图纸应标明设计荷载及控制条件，如混凝土浇筑上升速度、施工荷载等。

（二）模板的分类

水利水电工程的混凝土浇筑所用模板的类型，因建筑物结构形状和部位而异，一般有如下种类：

1. 按制作材料

可分为木模、钢模、混凝土模板和混合模板。木模加工方便，隔热性能好，有利于混凝土表面保护，但易变形，重复使用次数少。钢模重复使用次数多；但加工不易，隔热性能差，变形后不易修补，宜制成标准模板。混凝土模板常作为镶面板使用，一般不用拆除。混合模板是综合两种以上模板材料的优点，形成一种大型模板。

2. 按受力条件

可分为承重模板与非承重模板，后者仅受混凝土侧压力作用，一般称为侧面模板或立面模板。立面模板按支承受力方式，又可分为简支模板、半悬臂模板和悬臂模板。简支模板在我国混凝土坝施工中.曾广泛使用。它的缺点.是仓面拉条过多，且不能回收，既妨碍机械化浇筑又浪费钢材，所以逐渐为悬臂模板所取代。悬臂模板仓面没有拉条，便于采用机械化浇筑。立面模板按模板平面尺寸大小，又可分为小型模板和大型模板。国内过去一直沿用小型标准木模板，其尺寸大多为50 cm×150 cm及50 cm×200 cm。这类模板，制作简单，运输安装方便，占用机械较少，目前一些小型工程仍在使用。但由于耗材量多，劳动强度大，拆装工效低，所以大型工程现在逐渐使用大型钢木混合模板和定型钢模板。

3．按模板形状

可分为平面模板和曲面模板。前者一般是立面模板，数量较大。后者指廊道、竖井、胸墙、溢流面、水管等部位所用的模板.数量较少。

4．按模板板面作用

可分为普通模板和特殊模板。特殊模板主要指真空模板和吸水模板，它们使用于特殊部位，能提高混凝土强度。例如，溢流面混凝土要求抗冲耐磨能力强，为了提高混凝土强度，常用真空模板。

5．按模板移动或提升方式

可分为固定式、拆移式和滑动式模板。固定式模板用于特定部位，例如进水口扭曲面，模板使用一次后不再使用。拆移式模板则是在形状一致的各浇筑部位通用的和多次重复使用的模板（包括拆散移动或整体移动）。滑动式模板是在混凝土浇筑过程中，随浇筑而移动（提升或平移）的模板。

三、钢筋加工与安装定位

钢筋的加工包括调直（或冷拉）、除锈、配料、切断成型和焊接、弯曲等工序。

（一）钢筋调直和除锈

大中型钢筋混凝土工程通常需建钢筋加工厂，承担钢筋的冷处理、加工及预制钢筋骨架等任务。其规模大小一般按高峰月的日平均需用量确定。运至加工厂的钢筋应有出厂证明和试验报告单。加工前，应作抗拉和冷弯试验；加工时，按设计要求加工成结构物所需要的规格料。钢筋加工，应首先将运输过程中弯曲的棒状钢筋调直，并将盘圆钢筋拉伸。棒状钢筋，如弯度不大，可在方木拼成的工作台上用大锤敲直；如弯度较大、但直径小于30 mm的钢筋，可用手动调直器调直；直径大于30 mm的钢筋，可用弯筋机调直。盘圆钢筋，主要采用卷扬机冷拉调直或调直机调直，但钢筋的冷拉率不得大于1%（1级钢筋不得大于2%）。钢筋表面的鳞锈，用除锈机或钢丝刷清除。一般浮锈不必清除。

（二）钢筋的冷拉处理

钢筋冷加工的方法有冷拉、冷拔和冷压三种。其中冷拉应用最多。钢筋冷拉是在常温下，以超过钢筋屈服强度的拉应力拉伸钢筋，使其发生塑性变形，改变内部晶体排列。与冷拉调直不同，经过冷拉后的钢筋，长度约增加4%～6%，截面稍许减小，屈服强度约提高20%～25%，从而达到节约钢材的目的。但冷拉后的钢筋，塑性降低，材质变脆。规范规定，水工结构的非预应力钢筋混凝土中，不应采用冷拉钢筋。钢筋冷拉的机具主要是千斤顶、拉伸机、卷扬机及夹具等。冷拉的方法有两种：一种是单控制冷拉法，仅控制钢筋的拉长率；另一种是双控制冷拉法，要同时控制拉长率和冷拉应力。控制的目的，是使钢筋冷拉后有一定的塑性和强度储备。拉长率一般控制在4%～6%，冷拉应力一般控制在（440～520MPa）范围内。

（三）钢筋的配料

钢筋配料包括阅读设计图纸、下料长度计算和编制钢筋配料单。由于设计图中，同一结构物同一编号的钢筋长度有时相当长，需要通过几个浇筑块，需要分几次安装并计划各段钢筋的接头。即使在同一浇筑块内，长度过大的钢筋也需要考虑接头问题。所以，在钢筋配料时，除了详细阅读设计图纸和修改通知外，还应仔细考虑混凝土浇筑分块图、月浇筑计划、入仓方式和钢筋加工、运输、安装方法、接头形式等问题。如工地到货的钢筋品种和材质与设计图纸不符，进行钢筋代换时，应符合现行水工钢筋混凝土结构设计规范的规定，并应征得设计单位的同意。

（四）钢筋的切断、焊接

钢筋划线后切断，主要用切断机完成。对于直径22～40 mm的钢筋，一般采取单根切断；直径22 mm以下的，可一次切断数根。工作时，切口上的两个刀片（一个固定，一个作往返运动）互相配合而切断钢筋。对于直径大于40 mm的钢筋，要用气切割或电弧切割。

钢筋的焊接方法有闪光对焊、电弧焊、电渣压力焊和电阻点焊等。

1. 闪光对焊

钢筋的闪光对焊是利用对焊机使两段钢筋接触，通以低电压的强电流，把电能转化为热能，当钢筋加热到接近熔点时，施加压力顶锻，使两根钢筋焊接在一起，形成对焊接头。

（1）连续闪光对焊

将钢筋夹紧在电极的两钳口上后，闭合电路，然后使两钢筋端面轻微接触。闪光一开始,就徐徐移动钢筋使其全面接触。如对焊机容量较大,足以将整个端面加热到熔化形成金属蒸汽的温度,则可以形成连续闪光,待钢筋端头一定范围内处于熔融的白热状态时,随即轴向加压顶锻形成焊接接头。连续闪光焊可获得较好的焊接质量,但对焊机的容量不能太小。如果采用中等容量(如75kV·A)的对焊机,连续闪光焊只能焊接直径25 mm以内的Ⅰ～Ⅲ级钢筋及16 mm直径以内的Ⅳ级钢筋。

(2)预热闪光焊

预热闪光焊是在连续闪光焊前,增加一个钢筋预热过程,即使两根钢筋端面交替地轻微接触和断开,发出断续闪光使钢筋预热,然后再进行闪光和顶锻。预热闪光焊适宜焊接直径大于25 mm并且端面比较平整的钢筋。

(3)闪光—预热—闪光焊

其是指在预热闪光焊之前再增加一次闪光过程,使不平整的钢筋端面闪成较平整的端面。此法适宜焊接直径大于25 mm,并且端面不够平整的钢筋。

(4)对焊注意事项

①对焊钢筋端头如有弯曲,应予调直或切除,端头约150 mm内如有铁锈、污泥、油污等,应清除干净。②夹紧钢筋时,应使两钢筋端面的凸出部分相接触,以利均匀加热和保证焊缝与钢筋轴线相垂直。③钢筋焊接完毕后,应待接头处由白红色变为黑红色才能松开夹具,平稳地取出钢筋,以免引起接头弯曲。当焊接后张法的预应力钢筋时,应在焊后趁热将焊缝周围毛刺打掉,以便钢筋穿入预留孔道。④焊接场地应有防风、防雨雪措施,以免焊接头骤然冷却发生脆裂。当气温较低时,接头部位可适当用保温材料予以保温。

2. 电弧焊

电弧焊包括手工电弧焊、自动埋弧焊、半自动埋弧焊。这里主要介绍手工电弧焊。

手工电弧焊的设备由夹有焊条的焊把、电焊机、焊件和导线等组成。打火引弧后,在涂有药皮的焊条端和焊件间产生电弧,使焊条中的焊丝熔化,滴落在被电弧吹成的焊件熔池中,同时在熔池周围形成保护气体,在熔化的焊缝金属表面形成熔渣,使空气中的氧、氮等气体与熔池中的液体金属隔绝,避免形成易裂的脆性化合物,焊缝冷却后即把焊件连成一体。电弧焊广泛应用于钢筋搭接接长、焊接钢筋骨架、钢筋与钢板的联结以及装配式结构接头焊接等处。

电弧焊的主要设备是弧焊机,工地上常用的主要是交流弧焊机。

(1)电弧焊接头的主要形式

1)搭接焊

主要适用于直径10～40 mm的Ⅰ～Ⅳ级钢筋及5号钢筋。

2）帮条焊

适用范围同搭接焊。

3）坡口焊

坡口焊接头多用于装配式框架结构现浇接头、直径16~40 mm的Ⅰ~Ⅲ级钢筋及5号钢钢筋中。

（2）电弧焊注意事项

①帮条尺寸、坡口角度、钢筋端头间隙以及钢筋轴线等均应符合有关规定；②焊接接地线应与钢筋接触良好，防止因起弧而烧伤钢筋；③带有垫板或帮条的接头，引弧应在钢板或帮条上进行；无钢板或无帮条的接头，引弧应在形成焊缝部位，防止烧伤主筋；④根据钢筋级别、直径、接头形式和焊接位置，选择适宜的焊条直径和焊接电流，保证焊缝与钢筋熔合良好；⑤焊接过程中及时清渣，保证焊缝表面光滑平整，加强焊缝时应平缓过渡，弧坑应填满。

3．电渣压力焊

（1）工作原理

电渣压力焊是利用电流通过渣池的电阻热，将钢筋端部熔化后施加压力使钢筋焊接的。电渣压力焊适用于现浇钢筋混凝土结构中竖向或斜向（倾斜度在4∶1的范围内）钢筋的连接。

（2）操作要点

①施焊前先将钢筋端部150 mm范围内的铁锈、杂质刷净，然后用焊接夹具的上钳口（活动电极）、下钳口（固定电极）分别将上、下钢筋夹牢。②钢筋接头处放一铁丝小球（钢筋端面较平整而焊机功率又较小时）或导电剂（钢筋较长、直径较大，且钢筋端部较平整时）或电弧（钢筋直径较小，而焊机功率较大，但钢筋端部较为粗糙时）。然后在焊剂盒内装满焊剂。注意，钢筋端头应在焊剂盒中部，上、下钢筋的轴线应处于一直线上。③施焊时，接通电源使铁丝小球（或导电焊剂或电弧）、钢筋的端部及焊剂相继熔化，形成渣池，维持数秒后，方可用操纵压杆使钢筋缓缓下降，以免接头偏斜或接合不良，熔化量达到规定数值（用标尺控制）后，切断电路，用力迅速顶压，挤出金属熔渣和熔化金属，形成坚实的焊接接头。待冷却1~3mm后打开熔剂盒，卸下夹具。

4．电阻点焊

电阻点焊适用于Ⅰ、Ⅱ级钢筋和冷拔低碳钢丝，可以采用点焊的方法加工钢筋网片和钢筋骨架。当焊接不同直径的钢筋，其较小钢筋的直径小于10 mm时，大小钢筋直径之比不宜大于3；若较小钢筋的直径为12~14 mm时，大小钢筋直径之比不宜大于2。点焊机整个工作过程为：接通电源，踏下脚踏板，带动压紧机构使上电极压紧被焊接钢筋，同时断路器接通电流，电流经变压器次级线圈引到电极，产生点焊作用。放松脚踏板，松开电极，断路器随着杠杆下降，断开电流，点焊焊接过程即结束。

此外，钢筋连接除焊接外还有机械连接：钢筋套筒挤压连接、钢筋锥螺纹套筒连接、钢筋镦粗直螺纹套筒连接、钢筋滚压直螺纹套筒连接等质量稳定可靠的连接形式。

（五）钢筋的安装定位

钢筋安装方法有整装法和散装法两种。整装法是在工厂内将钢筋骨架焊好，再运到现场安装。此法有利于提高工效和质量，但吊运过程中要防止钢筋骨架过大变形和破坏。散装法使用较多，是将加工成型的单根钢筋，成批运到工地逐根安装。

准备工作包括熟悉图纸、测量点线高程、清理仓面和清理钢筋、机具准备等。还要虑施工顺序、劳动组合、安全措施和有关工序的配合。其中熟悉图纸的工作应首先进行，结合结构图和配料单，逐号核对安装部位所需钢筋的位置、间距、保护层及形状、尺寸等。必要时，可绘制各片钢筋网的安装草图。

水闸工程中使用的钢筋直径一般在30 mm以内，均可采用整装法安装。现场钢筋的交叉连接，目前还是采用绑扎为主，少数采用电弧焊。现场竖向或斜向粗钢筋的焊接，也应尽可能采用整装法安装，虽然增加了架立和支撑难度，但节省了现场焊接的工作量，焊接质量有保证。为了防止钢筋锈蚀，增加钢筋混凝土耐久性，在绑扎底板的下层钢筋时，要用垫块控制混凝土保护层厚度。垫块制作质量，要保证尺寸、强度和密实性，防止成为钢筋锈蚀的突破点。层面钢筋固定在混凝土撑柱上（其高度比底板厚度小3～5 cm），可避免在浇筑混凝土时面层钢筋沉降。

钢筋安装时，应严格控制保护层厚度。钢筋下面或钢筋与模板间，应设置数量足够、强度高于构件设计强度、质量合格的混凝土或砂浆垫块；侧面使用的垫块应埋设铁丝，并与钢筋扎紧.所有垫块互相错开，分散布置。在双层或多层钢筋之间，应用短钢筋支撑或采取其他有效措施，以保证钢筋位置的准确。绑扎钢筋的铁丝和垫块上的铁丝均应按倒，不得伸入混凝土保护层内。

三、现浇混凝土通用技术要求

混凝土所用水泥品质应符合国家标准，并应按设计要求和使用条件选用适宜的品种。其原则如下：

①水位变化区或有抗冻、抗冲刷、抗磨损等要求的混凝土，应优先选用硅酸盐水泥、普通硅酸盐水泥；②水下不受冲刷部位或厚大构件内部混凝土，宜选用矿渣

硅酸盐水泥、粉煤灰硅酸盐水泥或火山灰质硅酸盐水泥；③水上部位的混凝土，宜选用普通硅酸盐水泥；④受海水、盐雾作用的混凝土，应选用硅酸盐水泥、普通硅酸盐水泥或矿渣硅酸盐水泥；受硫酸盐侵蚀的混凝土，宜选用抗硫酸盐水泥、粉煤灰硅酸盐水泥；（对有钢筋的部位，宜添加钢筋阻锈剂）⑤受其他侵蚀性介质影响或有特殊要求的混凝土，应按有关规定或通过试验选用。

水泥标号应与混凝土设计强度相适应，且不应低于325号。水位变化区的混凝土和有抗冻、抗渗、抗冲刷、抗磨损等要求的混凝土，标号不宜低于425号。每一分部工程所用水泥品种不宜太多。未经试验论证，不同品种的水泥不得混合使用。粗骨料宜用质地坚硬，粒形、级配良好的碎石、卵石。不得使用未经分级的混合石子。

粗骨料最大粒径的选定，应符合下列规定：

①不应大于结构截面最小尺寸的1/4；②不应大于钢筋最小净距的3/4；对双层或多层钢筋结构，不应大于钢筋最小净距的1/2；③不宜大于80 mm；④经常受海水、盐雾作用或其他侵蚀性介质影响的钢筋混凝土构件面层，粗骨料最大粒径不宜大于钢筋保护层厚度。

细骨料宜采用质地坚硬、颗粒洁净、级配良好的天然砂。砂的细度模数宜在2.3～3.0范围内。为改善砂料级配，可将粗、细不同的砂料分别堆放，配合使用。

拌制和养护混凝土用水应符合下列规定：

①凡适宜饮用的水均可使用，未经处理的工业废水不得使用；②水中不得含有影响水泥正常凝结与硬化的有害杂质，氯离子含量不超过200 mg/L，硫酸盐含量（以硫酸根离子计）不大于2200 mg/L，pH值不小于4。

在采用硅酸盐水泥、普通硅酸盐水泥配制的厚大构件内部混凝土中，宜掺入适量粉煤灰。粉煤灰的品质应符合GB 1590《用于水泥和混凝土中的粉煤灰》的规定。其掺量和掺加方法应符合《粉煤灰在混凝土和砂浆中应用技术规程KSGJ 28》及《水工混凝土掺用粉煤灰技术暂行规定》有关规定，并应经过试验确定。

在配制混凝土时，宜掺用外加剂。其品种应按照建筑物所处环境条件、混凝土性能要求和施工需要合理选用。有抗冻要求的混凝土必须掺用引气剂或引气减水剂。含气量宜为4%～6%。

外加剂的技术标准应符合《水工混凝土外加剂技术标准》（SD 108）的规定，其掺量应通过试验确定，并应严格按照操作规程掺用，防止产生沉淀、分层等不均匀现象。对未经正式鉴定的产品，在无充分的试验论证时，不得在工程中使用。

混凝土的配合比应通过计算和试验选定，除应满足设计强度、耐久性及施工要求外，还应做到经济、合理。

拌制混凝土时，应严格按照工地试验室签发的配料单配料，不得擅自更改。水

第五章 水闸工程施工

泥、砂、石子、混合材均以重量计,水及外加剂溶液可按重量折算成体积。各种衡器应定期校验。计量设备较好的混凝土中心搅拌站,水、外加剂溶液的称量允许偏差不宜超过1%。混凝土应搅拌至组成材料混合均匀,颜色一致。

运输混凝土应符合下列要求:

①运输设备和运输能力的选定,应与结构特点、仓面布置、拌和及浇筑能力相适应。②以最少的转运次数,将拌成的混凝土送至浇筑仓内;在常温下运输的延续时间,不宜超过半小时;如混凝土产生初凝,应专作处理。③运输道路力求平坦,避免发生离析、漏浆及坍落度损失过大的现象。运至浇筑地点后,如有离析现象,应进行二次拌和。④混凝土的自由下落高度,不宜大于2 m;超过时,应采用溜管、串筒或其他缓降措施。⑤采用不漏浆、不吸水的盛器。盛器在使用前应用水润湿,但不得留有积水,使用后应刷洗干净。

浇筑前,应详细检查仓内清理、模板、钢筋、预埋件、永久缝及浇筑准备工作等,并做好记录,经验收后方可浇筑。混凝土应按一定厚度、顺序和方向,分层浇筑,浇筑面应大致水平。上下相邻两层同时浇筑时,前后距离不宜小于1.5 m。在斜面上浇筑混凝土,应从低处开始,逐层升高,并保持水平分层,及采取措施不使混凝土向低处流动。

混凝土应随浇随平,不得使用振捣器平仓。有粗骨料堆叠时,应将其均匀地分布于砂浆较多处,严禁用砂浆覆盖。混凝土浇筑层厚度,应根据搅拌、运输和浇筑能力、振捣器性能及气温因素确定。混凝土浇筑应连续进行。如因故中断,且超过允许的间歇时间,应按施工缝处理,若能重塑者,仍可继续浇筑上层混凝土。施工缝的位置和形式,应在无害于结构的强度及外观的原则下设置。

施工缝的处理应符合下列要求:

①按混凝土的硬化程度,采用凿毛、冲毛或刷毛等方法,清除老混凝土表层的水泥浆膜和松弱层,并冲洗干净,排除积水。②混凝土强度达到2.5MPa后,方可进行浇筑上层混凝土的准备工作;临浇筑前,水平缝应铺一层厚1~2 cm的水泥砂浆,垂直缝应刷一层净水泥浆,其水灰比,应较混凝土减少0.03~0.05。③新老结合面的混凝土应细致捣实。

捣固混凝土应以使用振捣器为主,并应符合下列要求:

①振捣器应按一定顺序振捣,防止漏振、重振;移动间距应不大于振捣器有效半径的1.5倍;当使用表面振捣器时,其振捣边缘应适当搭接;②振捣器机头宜垂直插入并深入下层混凝土中5 cm左右,振捣至混凝土无显著下沉、不出现气泡、表面泛浆并不产生离析后徐徐提出,不留空洞;③振捣器头至模板的距离应约等于其有效半径的1/2,并不得触动钢筋、止水片及预埋件等;④在无法使用振捣器或浇筑困

难的部位，可采用或辅以人工捣实。

混凝土浇筑过程中，如表面泌水过多，应设法减少。仓内泌水应及时排除，但不得带走灰浆。浇筑过程中，应随时检查模板、支架等稳固情况，如有漏浆、变形或沉陷，应立即处理。相应检查钢筋、止水片及预埋件的位置，如发现移动时，应及时校正。浇筑过程中，应及时清除粘附在模板、钢筋、止水片和预埋件表面的灰浆。浇筑到顶时，应即抹平，排除泌水，待定浆后再抹一遍，防止产生松顶和表面干缩裂缝。

在土基上浇筑底部混凝土时，应做好排水，尽量避免扰动地基土。必要时，在征得设计单位同意后，可增浇同标号的混凝土封底。在老混凝土或岩基上浇筑混凝土时，基面应避免有过大的起伏。厚大的底板、消力池混凝土宜分层浇筑，中间层宜采用较大粒径的粗骨料，选用水化热较低的水泥。

使用混凝土撑柱，应符合下列要求：

①撑柱尺寸、间距应根据构件厚度、脚手架布置和钢筋架立等因素，通过计算确定。②撑柱的混凝土标号应与浇筑部位相同，在达到设计强度后使用；断裂、残缺者不得使用。③撑柱表面应凿毛并刷洗干净。④撑柱应支承稳实；若支承面积不足时，可加垫混凝土垫板；撑柱所用临时撑拉杆，应随着浇筑面上升依次拆除干净。⑤浇筑时应特别注意撑柱周边混凝土的振捣；结束后，应即拔除柱顶部的连接撑杆，并捣实杆孔。

浇筑反拱底板，应按照设计要求进行，并应注意下列事项：

①底板的浇筑可适当推迟，使墩、墙有更长的预沉时间；②边端的一孔或两孔的底板预留缝，宜在墙后填土基本完成后封填；③墩、墙与底板接合处，应按施工缝规定处理。

在同一块底板上浇筑数个闸墩时，各墩的混凝土浇筑面应均衡上升。浇筑细薄结构混凝土时，可在两侧模板的适当位置均匀布置一些扁平窗口，以利浇捣。随着浇筑面上升，窗口应及时封堵，并注意表面平整。砂石料宜先在料场取样，通过试验选择。到工地的砂石料必须检验，每批至少一次。水泥、外加剂和混合材等应有质量保证书，并应取样检验。袋装水泥储运时间超过3个月，散装水泥超过6个月时，使用前应重新检验。袋装水泥进库前应抽样检查。混凝土拌和及养护用水应经检验。如水源改变或对水质有怀疑时，应重新检验。

混凝土浇筑时的质量检验应符合下列规定：

①砂、小石子的含水量每班至少检验1次，气温变化较大或雨天应增加检验次数，根据实测含水量随时调整配料单。②混凝土各种原材料的配合量，每班至少检验3次，衡器随时抽查，定期校正。③混凝土拌和时间每班至少检验2次。④现场混凝土

坍落度，每班在机口至少检验4次，在仓面至少检验2次；在制取试件时，应同时测定坍落度。⑤外加剂溶液的浓度，每班至少检验2次，引气剂还应检验含气量，其变化范围应控制在±0.8%以内。

固化后混凝土的质量检验以在标准条件下养护的试件的抗压强度为主。必要时，尚需作抗拉、抗冻、抗渗等试验。抗压试件的组数应按下列规定制取：

①不同标号、不同配合比的混凝土，应分别制取试件；②厚大结构物，28 d龄期每100～200 m³成型试件1组；③非厚大结构物，28 d龄期每50～100 m³成型试件1组，每一分部工程至少成型试件1组；④每一工作班至少成型试件1组。

为掌握结构物或构件的拆模、吊运时的强度情况，应成型一定数量试件，与结构物或构件同条件进行养护。混凝土试件应在机口随机取样、成型，不得任意挑选，并宜在浇筑地点取一定组数的试件。一组3个试件应取自同一盘混凝土中。

混凝土强度评定的原始资料，应按下列规定统计：

①现场混凝土试件28 d抗压强度按标号以配合比相同的一批混凝土作为一个统计单位；工程验收时，可按部位以同标号的混凝土作为一个统计单位；

②除非查明原因，确系操作失误，不得任意抛弃一个数据；③每组3个试件的平均值为一个统计数据。

若已建的混凝土构筑物有质量问题，应采取无损检测、钻孔取样、压水试验等方法查明情况及原因。

混凝土施工期间，应及时做好以下记录：

①每一构件、块体的混凝土数量，原材料的质量，混凝土标号、配合比；②各构件、块体的浇筑顺序、浇筑起迄时间，发生的质量事故以及处理情况，养护及表面保护时间、方式等；③浇筑地点的气温，原材料和混凝土的浇筑温度，各部位模板拆除日期；④混凝土试件的试验结果及其分析；⑤混凝土缺陷的部位、范围、发生的日期及发展情况；⑥其他有关事项。

当混凝土出现缺陷后应加强检查观测，分析成因、性质、危害程度，作为制定修补加固方案的依据。

四、不同部位的混凝土浇筑技法

（一）水闸底板混凝土的浇筑

水闸平底板的混凝土浇筑，一般采用逐层浇筑法。但当底板厚度不大，拌和站的生产能力受到限制时可以采用斜层浇筑法。底板混凝土的浇筑，一般均先浇上下游齿墙，然后再从一端向另一端浇筑。当底板混凝土方量较大，且底板顺水流向长度在 12 m 以内时，可安排两个作业组分层浇筑。首先两组同时浇筑下游齿墙，待齿墙浇平后，将第二组调至上游齿墙，第一组则从下游向上游浇第一坯混凝土，浇到底板中间时，第二组上游齿墙基本浇平，并立即转入自下游向上游的第二坯混凝土浇筑，当第一组浇到上游底板边缘时，第二组浇到底板中间，这样第一组又转入自下游往上游的第三坯混凝土浇筑。如此连续浇筑，可缩短浇筑时间，避免产生冷缝，保证施工质量。当底板浇筑接近完成时，可将脚手架拆除，并立即把混凝土表面抹平，混凝土柱则埋入浇筑块内作为底板的一部分。

反拱底板的浇筑程序，多是先浇闸墩及岸墙，后浇底板。为减少闸室各部分在自重作用下的不均匀沉陷，改善底板的受力状态，在基底不产生塑性变形的条件下，将自重较大的闸墩、岸墙等先行浇筑，岸墙后的还土尽量回填到一定高程，使墩、墙地基预压沉实，然后再浇反拱底板。在不影响施工总进度的前提下，将预沉的墩、墙与底板之间的预留接缝的时间尽可能延长。

水闸闸底板、消力池等厚大构件，从节约水泥、减少水化热温升考虑，可沿深度方向划分为几个层次，分别采用不同配合比和使用不同品种的水泥。面层、底层可选用抗侵蚀、抗冲磨性能好的普通水泥、硅酸盐水泥；中间层可选用水化热较低的普通水泥、粉煤灰水泥等。

（二）水闸闸墩混凝土的浇筑

闸墩模板立好后，随即进行清仓工作。用压力水冲洗模板内侧和闸墩底面，污水由底层模板上的预留孔排出。清仓完毕，堵塞排水孔后，即可进行混凝土浇筑。

闸墩混凝土的浇筑，主要是解决好两个问题：一是每块底板上闸墩混凝土的均衡上升；二是流态混凝土的入仓及仓内混凝土的铺筑。为了保证混凝土的均衡上升，运送混凝土入仓时应很好地组织，使在同一时间运到同一底块各闸墩的混凝土量大致相同。为防止流态混凝土在 8～10 m 高度下落时产生离析，应在仓内设置溜管，可每隔 2～3 m 设置一组。由于仓内工作面窄，浇捣人员走动困难，可把仓内浇筑面分划成几个区段，每区段内固定浇捣工人，这样可提高工效。每坯混凝土厚度可控制在 30 cm 左右。小型水闸闸墩浇筑时，工人一般在模板外侧，施工组织较为简单。

（三）闸门槽二期混凝土的浇筑

采用平面闸门水闸，在闸墩部位都设有门槽。为了减小启闭门力及闸门漏水，门槽部分的混凝土中埋有导轨等铁件，如滑动导轨，主轮、侧轮及反轮导轨、止水座等。这些铁件的埋设可采取预埋及留槽后浇两种办法。小型闸门的导轨铁件较小，可在闸墩立模时将其预先固定在模板的内侧，闸墩混凝土浇筑时，导轨等铁件即浇人混凝土中。由于中型闸门的导轨较大、较重,在模板上固定较为困难,宜采用预留凹槽,再浇二期混凝土的施工方法。在闸墩立模时,于门槽部位留出较门槽尺寸大的凹槽。闸墩浇筑时,预先将导轨基础螺栓按设计要求固定于凹槽的侧壁及正壁模板,模板拆除后露出埋入混凝土中基础螺栓供导轨安装使用,导轨安装前,要对基础螺栓进行校正,安装过程中必须随时用铅垂进行校正,使其铅直无误。导轨就位后即可立模浇筑二期混凝土。

闸门底槛设在闸底板上,在施工初期浇筑底板时,若铁件不能完成,亦可在闸底板上留槽以后浇二期混凝土。浇筑二期混凝土时,应采用较细骨料混凝土,并细心捣固,不要振动已装好的金属构件。门槽较高时,浇筑混凝土的落料高度不要过大,可以分段安装和浇筑。二期混凝土拆模后,应对埋件进行复测,并作好记录,同时检查混凝土表面尺寸,清除遗留的杂物、钢筋头,以免影响闸门启闭。

弧形闸门不设门槽,但为了减小启闭力,在闸门两侧亦设置转轮或滑块,因此也有导轨的安装及二期混凝土施工。为了便于导轨的安装,在浇筑闸墩时,根据导轨的设计位置预留20 cm×80 cm的凹槽,槽内埋设两排钢筋,以便用焊接方法固定导轨。安装前应对预埋钢筋进行校正,并在预留凹槽两侧,设立垂直闸墩侧面并能控制导轨安装垂直度的若干对称控制点。安装时,先将校正好的导轨分段与预埋的钢筋临时点焊结数点,待按设计坐标位置逐一校正无误,并根据垂直平面控制点,用样尺检验调整导轨垂直度后,再电焊牢固,再浇筑二期混凝土。

五、特殊季节混凝土现浇

(一)雨天、热天施工

雨天施工应做好下列工作:

①掌握天气预报,避免在大雨、暴雨或台风过境时浇筑混凝土;②砂石堆料场应排水通畅并防止泥污;③运输工具及运输道路宜采取防雨、防滑措施;④水泥仓库要加强检查,做好防漏、防潮工作;⑤墩、墙、桥梁混凝土的浇筑仓面上,宜设临时防雨棚;⑥采取必要的防台风和防雷击措施;⑦加强骨料含水量的检验工作。

无防雨棚仓面,在小雨中浇筑,应采取下列措施:

①通过试验,调减混凝土的用水量;②防止外水人仓,仓内及时排水,但不得带走灰浆;③及时做好新混凝土面的保护及顶面的抹面工作。

无防雨棚仓面,在浇筑混凝土过程中,如遇大雨或暴雨,应立即停止浇筑,并将仓内的混凝土振捣好,使仓面规整后遮盖。雨后须先排除仓内积水,清理表面软弱层。继续浇筑时,应先铺一层水泥砂浆。如间歇时间超过规定,应按施工缝处理。

在日最高气温达到30℃以上的热天施工，应严格控制混凝土浇筑温度。混凝土在出机口的温度应符合温控设计要求，并不得超过30℃。

热天施工，为降低混凝土浇筑温度，减少温度回升，宜采取下列措施：①预冷原材料，骨料适当堆高，堆放时间适当延长，使用时由底部取料；采用地下水喷洒粗骨料；采用地下水或掺冰的低温水拌制混凝土。②尽量安排在早晚或夜间浇筑。③缩短混凝土运输时间，加快混凝土入仓覆盖速度。④混凝土运输工具设置必要的隔热遮阳措施。⑤仓面采取遮阳措施，喷洒水雾降低周围温度。

热天施工，适当加大砂率、坍落度，并掺用缓凝减水剂。热天施工，混凝土浇筑完毕后，及早覆盖养护。

（二）冷天施工

当室外连续五天日平均气温低于5℃时，混凝土的施工尚应符合以下规定。当日最低气温降至0℃时，应即采取防护措施。施工前，应制定专门的措施计划，备足加热、保温和防冻材料。骨料宜在进入冷天前筛洗完毕。

冷天施工应密切注意天气预报，防止遭受寒流、风雪和霜冻袭击。混凝土浇筑宜安排在寒流前后气温较高的时间进行。小体积混凝土的浇筑部位宜安排在白天气温较高时浇筑。基底保护层土方挖除后，应即采取保温措施，并尽早浇筑混凝土。在老混凝土或岩基上浇筑混凝土，如有冰冻现象，必须加热处理，经检验合格后方可浇筑。配制冷天施工的混凝土，应优先选用硅酸盐水泥或普通硅酸盐水泥。

冷天浇筑的混凝土，宜使用引气型减水剂，含气量宜为4%～6%；有早强要求者，可使用早强剂，但在钢筋混凝土中不得用氯盐作早强剂。未掺抗冻剂的混凝土，其允许受冻强度不得低于10MPa。当室外日最低气温低于-10℃时，闸底板、消力池等开敞部位的混凝土，不宜露天浇筑。混凝土的浇筑入仓温度不宜低于10℃。浇筑大面积的混凝土时，在覆盖上层混凝土以前，底层混凝土的温度不宜低于3℃。施工时，应综合考虑气候条件、材料温度、保温方法、运输过程的热量损失等因素，通过计算和试验，合理确定混凝土的出机温度。

为提高混凝土的出机温度，应首先考虑用热水拌制。不能满足要求时，再考虑加热骨料。水泥不得直接加热。水及骨料的加热温度应根据热工计算确定。拌制混凝土时，应先将热水与骨料混合，然后再加水泥，并控制拌和物的温度不超过35℃。浇筑前，应清除模板、钢筋和预埋件上的冰雪和污垢。运输和浇筑混凝土用的容器应有保温措施。当室外最低气温高于-15℃；时，表面系数不大于5的结构宜首先采用蓄热法或蓄热和掺外加剂并用的方法。当蓄热法不能满足强度增长的要求时，可选用蒸气加热、电流加热或暖棚保温的方法。

采用蓄热法养护时，应注意下列事项：

①随浇筑、随捣固、随覆盖，减少热量失散；②保温、保湿材料必须紧密覆盖模板或混凝土表面，迎风面宜增设挡风措施，形成不透风的围护层；③对细薄结构的棱角部分，应加强保温；④结构上的孔洞应暂时封堵。

避免在寒流袭击、气温陡降时拆模；当混凝土与外界气温相差20℃以上时，拆模后的混凝土表面，应加以覆盖。

冷天施工时，必须做好下列各项温度的观测和记录：

①室外气温和暖棚内气温每个工作班测量2次；②水温和骨料温度每个工作班测量4次；③混凝土出机温度和浇筑温度每个工作班至少测量4次；④在混凝土浇筑后3~5d内尤须加强观测其养护温度，并注意边角最易降温的部位。用蓄热法养护时，每昼夜测量4次；用蒸气或电流加热时，在升、降温期间每小时测量1次，在恒温期间每两小时测量1次。室外气温及周围环境温度每昼夜至少定时定点测量4次。

六、混凝土养护与拆模和缺陷处理

混凝土的养护工作，尤其是早期湿养护，对提高混凝土的密实性，增加混凝土的抗蚀、抗裂能力至关重要。

混凝土浇筑至顶面时，应随即抹平并排出泌水，定浆之后再次抹面，以防止出现松顶和表面干缩裂缝现象。要及时覆盖，在面层凝结后随即洒水养护，使混凝土面和模板经常保持湿润状态。

湿养护的时间，与结构特点、性能要求、水泥品种、气温高低及施工条件等因素有关，混凝土连续湿润养护时间。有温控防裂要求的部位，养护时间宜适当延长。

当受施工条件限制时，难以完全保证连续养护时，应考虑采用养护剂或其他措施。养护剂的选择、使用方法和涂刷时间应按产品说明并通过试验确定。混凝土表面不得使用有色养护剂。

模板拆除的早晚，影响着混凝土质量和模板的周转率。模板及支架的拆除期限与构件的种类、混凝土的配合比、水泥品种以及浇筑养护期间的温度等因素有关。拆模时间应根据设计要求、气温和混凝土强度增长情况而定。

混凝土出现缺陷后应加强检查观测，分析成因、性质、危害程度，作为制定修补加固方案的依据。

修补混凝土缺陷所用材料的强度应高于原混凝土，其变形性能宜与混凝土接近。活动性裂缝应采用柔性材料修补。混凝土裂缝应在基本稳定后修补，并宜在开度较大的低温季节进行。

第七节 金属结构及机电设备安装及试运转和施工期观测

一、钢闸门的安装

(一) 一般规定

钢闸门应在取得生产许可证的厂家制作。

钢闸门制作与安装标准应符合《水工建筑物金属结构制造、安装及验收规范》(SLJ 201,DLJ 201) 以下简称 (SLJ 201) 的有关规定。

闸门安装所使用的测量工具和仪器,必须经计量部门校验,误差应符合有关规定。

(二) 钢闸门和埋件安装

闸门出厂前,应任抽一孔闸门进行整体组装检查,其检查应在自由状态下进行。组合处的错位应小于2 mm。分节制作的埋件,应按要求点焊组装,相邻两件加工面的错位不应大于0.5 mm。经检验合格,接合处应打上标记后拆开。

闸门出厂时,厂方应提供下列技术资料:
①竣工图纸;②设计修改通知书;③主要材料质量保证书;④检测记录;⑤焊缝探伤记录;⑥重大缺陷处理记录;⑦构件发运清单。

埋件进场后,应进行清点,妥善堆放。若有变形,应予矫正。固定埋件的锚栓或锚筋,应按设计要求设置。露出长度应使埋件有足够的调整余地。弧形闸门支座螺栓的预埋,应根据具体情况制定专门措施,确保位置准确,埋设牢固,防止走动。埋件安装调整后,位置偏差应符合 (SLJ 201) 的要求,并用加固钢筋与预埋锚筋焊接。

升 (下) 卧式闸门埋件的安装偏差,应符合下列规定:
①主轨的转弯半径安装偏差不应大于转弯半径的1/1000,且不大于2 mm;②主轨垂直平面度误差应符合图纸规定,无规定时,应小于2 mm;③止水滑道宜凸出混凝土表面3~5 mm,其平面度允许误差为2 mm。

埋件安装检查合格后,宜即浇筑二期混凝土。如间隔时间过长或遇有碰撞,应予复测,合格后方可浇筑。浇筑时,应防止撞击。闸门在吊运过程中应采取保护措施,严防构件变形和加工面损伤。闸门现场组装时,应按定位板和结构尺寸拼接搭焊,并按焊接的技术要求进行施焊和检查。

分节闸门，采用螺栓连接时，螺拴应均匀拧紧，节间橡皮压缩量应符合图纸要求；采用焊接时，应编制焊接工艺规程，并监视变形。

闸门安装前，门槽、门坎应进行清理，止水座板及轨道面不得有水泥渣、油污、焊疤、凹坑等。焊缝接头处需修磨平整。

闸门整体吊装应根据门重和吊入高度、建筑现场情况，选择起吊设备，制定吊装方案。止水橡皮接头可采用生胶热压等方法胶合。胶合接头处不得有错位、凹凸不平和疏松现象。止水橡皮的螺孔应按门叶或止水压板上的螺孔位置定出，然后冲孔或钻孔，孔径应比螺栓直径小1 mm，严禁烫孔。闸门止水间隙、压缩量应按设计要求调整。

（三）闸门及埋件的防腐蚀

钢闸门及埋件表面的除锈和刷漆工作，应在质量检验合格后进行。采用喷锌或喷铝防腐时，应用喷砂抛丸清除铁件表面油污、灰尘、铁锈、氧化皮、焊渣等。钢材表面应露出金属色泽，并具有适当的粗糙度，然后喷锌或喷铝。镀层应力求均匀，镀层厚度宜为0.15～0.25 mm最后应用涂料封闭。采用涂料防腐蚀时，应在除锈质量符合要求后涂刷，涂层应达到均匀一致，无漏涂、针孔、流挂、起皱、起泡和脱落现象。设计无要求时，漆膜总厚度不应小于0.2 mm。

涂料涂装的工作环境温度应为5～38℃，当构件表面潮湿或遇尘土飞扬、烈日暴晒等情况，应采取有效措施，否则应停止作业，涂后4 h内严防雨淋。安装焊缝的两侧各留出100～150 mm范围，待安装焊接后涂装。

二、启闭机安装

（一）固定式和门式启闭机安装

固定式启闭机安装，应以闸门起吊中心为基准，纵、横向中心偏差应小于3 mm；水平偏差应小于0.5/1000；高程偏差宜小于5 mm。螺杆式启闭机的螺杆与闸门连接的垂直偏差应不大于0.5/1000。启闭机安装时应全面检查。开式齿轮、轴衬等转动处的油污、铁屑、灰尘应清洗干净，并加注新油；减速箱应按产品说明书的要求，加油至规定油位。启闭机定位后，机架底脚螺栓应即浇灌混凝土，机座与混凝土之间应用水泥砂浆填实。

门机安装时，应全面清点和检查，构件安装的偏差应符合图纸规定。门机轨道安装和门机组装偏差应符合图纸和厂家说明书的规定。如无规定时，参照（SLJ 201）有关规定执行。门机的夹轨器安装和限位开关装置，均应动作灵活可靠。双卷筒启闭机的安装应保持同心，联轴节两轴的同心度和端面间隙、轴瓦与轴颈顶间隙、开式齿轮啮合要求及测量方法均应参照（SLJ 201）执行。启闭机制动器闸瓦退路和电磁铁行程，安装时应按产品说明书的要求予以调整。双吊点的钢丝绳长度偏差应调整到最小范围，使闸门全行程无卡阻，止水橡皮无严重摩擦。自动抓梁应作平衡试验，抓放过程中动作应准确可靠。

所有润滑系统的管路，应按规定敷设，接头处不得泄漏。

（二）油压启闭机安装

油压启闭机应有出厂试验资料及随机的技术文件。

安装前，检查各部位总成（包括油缸、泵组、阀组、油箱及电控装置）和零部件，均应完整无损。安装过程中，液压工作面不得有碰伤和划痕。柱塞式油缸安装前，表面宜涂刷沥青。混凝土预留孔的孔径和孔底、孔顶高程应符合要求。孔内不得有积水和其他杂物。管路、油箱的制作、清洗和安装质量要求应符合GB 8564《水轮发电机安装技术规范》的有关规定。主要管路安装完成后，必须对油路系统循环清洗（清洗油不得进入油缸和溢流阀），经耐压试验后，清洗油箱，换进清洁的液压油。

接入溢流阀，管路系统按图纸要求做耐压试验。如无规定时，可按1.25倍工作压力试压。管件接头处不得有渗漏现象。阀件漏油量应符合图纸要求。油泵空载试验时，应将油泵溢流阀全部打开，连续运转不少于30 min，不得有异常现象。油泵空载试验正常后，在监视压力表的同时，应将溢流阀逐渐拧紧，使管路系统充油（充油时应排除空气），管路充油后，调整油泵的溢流阀，使油泵在工作压力的25%、50%、75%、100%的情况下，分别连续运转15 min，应无振动、杂音、温升过高等现象。

上述试验完毕后，调整溢流阀，使其压力达到工作压力的1.1倍时动作排油，此时也应无剧烈振动和杂音。调整油泵变量头百分比和节流阀开度，使启闭机速度逐步达到设计要求。带负荷启闭闸门，双缸启闭机应调整同步，检查闸门有无卡阻现象，并记录启闭时间和油压值。

液压油一般选用20号、30号、40号普通液压油或机械油。液压油系统压力高、温度高取大值；反之，取小值。对于严寒地区可选用20号或30号低凝液压油。

三、启闭机校验与门系试运转

（1）启闭机运转前，对电气及机械部分等应进行下列检查：

①电气回路中的元件和设备，均应按照有关规定进行测试；②所有动力、操作、照明回路的接线应正确、整齐，绝缘电阻不应小于规定值；③在不带电动机的情况

下，对操作回路进行模拟动作试验，其动作应准确可靠；④电动机单独通电，电阻应符合规定，转动方向应正确，并无异常现象；⑤检查机械零部件、润滑系统、防护装置等，均应符合要求；⑥缠绕钢丝绳前，用手转动启闭机制动轮，使最后一根轴（卷筒轴、走轮轴等）旋转一周，不应有卡阻现象；⑦钢丝绳应固定牢固、绕位正确；⑧检查并清除门槽、门槛等部位的杂物。

（2）闸门、启闭机安装完毕后，应做无水启闭试验。升降机构和行走机构应在行程内往返3次，并检查下列电气和机械部分：

①电动机运行平稳，三相电流应平衡；②电气设备无异常发热现象；③限位开关、保护装置等动作正确可靠；④控制器的触头无损伤；⑤所有机械零部件试运转时，不得有冲击声或其他异常音响；⑥运行时，制动闸瓦应脱离制动轮，无摩擦；⑦轴承与齿轮应有良好的润滑，轴承工作温度不得超过65t；⑧钢丝绳在任何情况下均不得与其他部件碰刮；⑨高度指示器对位应准确。

（3）启闭机和闸门进行有水试运行时，应作如下检查：

①检查并清除门槽、门槛、滑轮组等处可能存在的飘浮物及开坝放水时的推移物；②按无水时门系试运转项目，检验启闭机的电气及机械部件，均应符合负荷工作标准；③检查闸门的止水情况；④检查钢丝绳的长度和固定情况，以及高度指示器的对位情况，并做必要的紧固和调整；⑤检查滚轮的运转或滑块的接触情况。

（4）油压启闭机与门系在有水情况下试运行时，应进行下列操作和检查：

①所有电气、机械部分应经核查，工作情况正常。②应待油泵启动平稳后，打开启动阀。③门系试运行，应控制供油量，由小到大，缓慢启闭闸门、监视闸门开启及工作压力情况，直至达到设计额定值；双缸启闭机启门时，应再次调整同步。④复查管道、阀件有无漏油。⑤所有机械、油压系统均不应有冲击声或异常响声，油缸不得有连续跳动现象。⑥对闸门止水、滚轮或滑块以及门槽等进行检查。

（5）油压启闭机将闸门提起后，油缸持重24 h，闸门沉降量不应大于150 mm。

四、观测设施与施工期观测

各种观测设备埋设前应经检查和率定。观测设备应按规定及时埋设。水位观测设施应设在水流平稳段。沉降标点埋设后，应即观测初始值；施工期间，按不同荷载阶段，定期观测；竣工放水前后，应分别观测一次。放水前，应将水下的沉降标点转接到上部结构，以便继续观测。

扬压力测压管宜用镀锌铁管，其埋设应符合下列要求：

①测压管的水平段应设有纵坡，宜为5%左右，进水口略低，避免气塞现象，管段接头必须严密不漏水；②测压管的垂直段应分节架设稳固，确保管身垂直，管口

应设置封盖，防止杂物落入；③安装完毕后，应注水检验。

岸墙、翼墙墙身的倾斜观测，应在标点埋设后，填土过程中及放水前后进行。各观测项目的设备，应由专人负责观测和保护。

施工期间所有观测项目，均应按时观测，及时整理分析。所有观测设备的埋设、安装记录、率定检验和施工期观测记录均应整理汇编，移交管理单位。

第八节 砌石的施工要点

一、一般规定

砌石工程应在基础验收及结合面处理检验合格后方可施工。

砌筑前，应放样列立标，拉线砌筑。

砌石的基本要求是平整、密实和错缝。

二、材料

砌石所用石料有粗料石和块石两种，石料应坚硬、无裂纹，风化石不得使用。

混凝土灌砌块石所用的石子粒径不宜大于2 cm。水泥标号不宜低于275号，在水位变化区、受水流冲刷的部位以及有抗冻要求的砌体，其水泥标号不宜低于325号。使用混合材和外加剂，应通过试验确定。混合材宜优先取用粉煤灰，其品质指标参照有关规定。

砌筑用的水泥砂浆和小石子混凝土应符合下列规定：

①配制砂浆和混凝土，应按设计标号提高20%；配合比通过试验确定；②应具有适宜的和易性；水泥砂浆的稠度用标准圆锥沉入度表示，以4～7 cm为宜；小石子混凝土的坍落度以7～9 cm为宜。

三、浆砌石

砌筑前，应将石料刷洗干净，并保持湿润。砌体的石块间应有胶结材料粘结、填实。

浆砌石墩、墙应符合下列要求：

①砌筑应分层，各砌层均应坐浆，随铺浆随砌筑；②每层应依次砌角石、面石，然后砌腹石；③块石砌筑，应选择较平整的大块石经修整后用作面石，上下两层石

块应骑缝，内外石块应交错搭接；④料石砌筑，按一顺一丁或两顺一丁排列，砌缝应横平竖直，上下层竖缝错开距离不小于10 cm，丁石的上下方不得有竖缝；粗料石砌体的缝宽可为2~3 cm；⑤砌体宜均衡上升，相邻段的砌筑高差和每日砌筑高度，不宜超过1.2 m。

采用混凝土底板的浆砌石工程，在底板混凝土浇筑至面层时，宜在距砌石边线40 cm的内部埋设露面块石，以增加混凝土底板与砌体间的结合强度。

混凝土底板面应凿毛处理后方可砌筑。砌体间的接合面应刷洗干净，在湿润状态下砌筑。砌体层间缝如间隔时间较长，可凿毛处理。永久缝的缝面应平整垂直。

混凝土灌砌块石，块石净距应大于石子粒径，不得采取先嵌填小石块再灌缝的作法；灌入的混凝土应插捣密实。砌筑过程中，应及时养护。

砌体勾缝应符合下列规定：

①砌体的外露面和挡土墙的临土面均应勾缝，并以平缝为宜；②勾缝砂浆标号应高于砌体砂浆标号，宜用中细砂料拌制，灰砂比宜为1∶2；③砌体勾缝前，应清理缝槽，并用水冲洗湿润，砂浆应嵌入缝内约2 cm。

四、干砌石

具有框格的干砌石工程，宜先修筑框格，然后砌筑。

干砌石工程的砌筑应符合下列要求：

①砌体缝口应砌紧，底部应垫稳填实，严禁架空；②不得使用翘口石和飞口石；③宜采用立砌法，不得叠砌和浮塞；石料最小边厚度不宜小于15 cm。

铺设大面积坡面的砂石垫层时，应自下而上，分层铺设，并随砌石面的增高分段上升。

五、质量标准和检验

砌体的质量检验如下：

①材料和砌体的质量规格应符合要求；

②砌缝砂浆应密实，砌缝宽度、错缝距离应符合要求；

③砂浆、小石子混凝土配合比应正确，试件强度不低于设计强度。

第六章 水利水电工程投资控制

施工阶段是建设工程投资（资金）控制的重要阶段之一。在施工过程中，监理工程师除了根据合同规定审核签署工程进度付款证书、预付款支付证书、完工付款证书和最终付款证书外，还要处理可能由于施工现场条件变化、市场条件变化、法规变更、恶劣气候影响、意外风险、合同变更、施工索赔等引起的额外费用支出。为此，监理工程师必须依照合同和国家的法律、法规和方针、政策，做好施工阶段投资控制（资金管理）工作。

第一节 资金使用计划的编制

一、编制资金使用计划的目的

资金使用计划就是在设计概算的基础上，根据施工合同中承包人的投标报价和投标书中的进度计划，综合考虑由发包人提供或者根据物资采购合同中有关物资供应、材料供应以及土地征用等方面的费用，考虑一定的不可预见影响，在项目分解的基础上，按时间顺序分项目编制的资金使用计划。

编制资金使用计划的目的：一是明确投资控制目标值，合理地确定投资控制目标值，包括投资的总目标值、分目标值、各详细目标值，以便于进行项目投资实际支出值与目标值的比较，找出实际投资值和计划投资值的偏差，使投资控制更具有针对性；二是明确各施工时段的资金需求，作为建设单位筹措资金的依据。

二、资金使用计划的编制要点

（一）项目分解和项目编码

要编制资金使用计划，首先要进行项目分解。为了在施工过程中便于进行项目的计划投资和实际投资比较，故要求资金使用计划中的项目划分与招标文件中的项目划分一致，然后再分项列出由发包人直接支出的项目，构成资金使用计划项目划

第六章 水利水电工程投资控制

分表。

就一个建设项目来说，工作项目的数量巨大。为了便于计划的使用和调整，应编制计算机软件进行管理。为此，必须事先统一确定投资项目的编码系统，编码即指工程项目的号码，必须具有科学性。

（二）按时间进度编制资金使用计划

在项目划分表的基础上，结合承包人的投标报价、项目发包人支出项目的预算、施工进度计划等，逐时段统计需要投入的资金，即可得到项目资金使用计划。

在通常情况下，施工进度计划中的项目划分和投标书中工程量清单中的项目划分在某些项目的细度方面可能不一致，为便于资金使用计划的编制和使用，监理人在要求承包人提交进度计划时应预先进行约定，使进度计划中的项目划分和资金使用计划中的项目划分相互协调。

编制资金使用计划时，要在项目总的方面考虑总的预备费，也要在主要的工程分项中安排适当的不可预见费。如果在编制资金使用计划时发现个别单位工程或工程量表中某项内容的工程量计算出入较大，使根据招标时的工程量估算所作的投资预算失实，除对这些个别项目的预算支出做相应调整外，还应特别注明是"预计超出子项"，在项目的实施过程中尽可能地采取对策措施。

三、审批承包人呈报的资金流估算表

承包人的资金流估算表是承包人向监理人提交的承包人根据合同有权得到的全部支付的详细资金流估算。按《水利水电工程标准施工招标文件》（以下简称《水利水电工程标准文件》）通用合同条款规定：承包人应在按合同约定向监理人提交施工总进度计划的同时，按合同约定的格式，向监理人提交按月的资金流估算表。估算表应包括承包人计划可从发包人处得到的全部款额，以供发包人参考。此后，当监理人提出要求时，承包人应在监理人指定的期限内提交修订的资金流估算表。

监理人审批承包人的资金流估算，可起到以下作用。

（一）了解承包人按其施工进度安排提出的要求发包人阶段付款的计划

承包人提交资金流估算，并按发包人或监理人的要求加以调整，并得到监理人的签认后，承包人才能有保证地得到发包人的进度款支付。发包人或监理人批准的承包人的资金流估算，既是承包人要求阶段付款的计划，也是发包人调整资金使用计划和筹措资金的依据。

（二）了解承包人的财务能力

施工活动一旦开始就应该是连续不断进行的过程。在施工过程中，承包人利用他所能得到和支配的各种形态的资金，以一定的技术和施工组织方式使其所需资金经常处于不断运动和转变形态的过程中。这种过程就是施工活动的资金运动。

由于发包人实际支付资金比承包人在施工中投入资金滞后一段时间（依合同规定只有完成且认证合格并履行合同规定的程序后，一般为28至56 d），承包人为使施工连续进行，除可使用发包人以前已实际支付过的款项（诸如预付款、前期中期付款）外，在初期一般需由其他来源获取补充资金。监理人应该了解承包人在施工中的资金流动过程，避免承包人在某些阶段出现大量资金短缺的风险。

1．承包人的施工启动资金

承包人为从事所承担的施工任务，其启动资金的来源主要有以下几个方面：①发包人向承包人支付的工程预付款；②承包人为实施本工程所投入的自有的各种形态的资金，如机械设备、工具仪器、部分材料、人力、技术及一定量的货币；③承包人为弥补自身资金不足而借入的借贷资金。

承包人通过施工启动资金用来进行动员队伍、购买必要的生产资料、建造施工辅助设施等一切施工准备，把货币资金转变为固定资金和生产储备资金，并应保留一部分流通现金。

2．承包人资金的周转与平衡

为保持施工生产的连续、衔接，使再生产过程连续进行，承包人为永久工程投入的资金，采取分阶段结算的方式从发包人处得到支付，以这种阶段付款的方式实现其流动资金的周转、循环，其投入与产出（从发包人得到的支付）应均衡。

承包人对其每一规定时段（如月）内所完成的工程量，都要申请中间计量和付款。从他提出付款申请，经过监理人审核、签认阶段付款证书并交发包人审查直到承包人实际得到发包人支付的资金，其间有一段较长的滞后时间（如水利部颁发的水利水电工程标准文件通用合同条款规定最大滞后时间为28 d。有的具体合同规定为56 d、45 d不等）。在这段滞后时间内，承包人为实施合同的投入得不到发包人的立即补偿，而施工又不能因此而停顿，为保持生产过程的连续、衔接，承包人的资金必须均衡。不仅在数量上承包人的投入和发包人的支付要与施工进度相均衡，而且时间上也要均衡。因此承包人在施工的每一时段的投入，不仅靠发包人的上一期支付，还必须有其他来源的一部分资金投入来维持，使资金运动在数量上和时间上保持均衡。连续、衔接、均衡是施工活动过程中资金运动的基本特点。

第二节　工程计量与计价控制

工程的计量与计价是项目施工阶段投资控制的重要工作，监理人受项目法人委托对施工合同进行管理，要实现施工合同管理目标，控制计量和计价是实现合同目标的重要手段，也是最有效的方式。

一、工程计量的重要性

在施工过程中，对承包人已完成的工程量的测量和计算，称为工程计量，简称计量。工程计量控制是监理人投资控制的重要内容。符合合同约定且已完成的工程量是应该给予计量的，但不一定就是支付工程量，给承包人进行付款的工程量应是支付工程量，不一定与实际完成的工程量一致。诸如合同规定按设计开挖线支付，承包人为了节省成本而采用的风险开挖，即欠挖；因承包人原因造成的不合理超挖等，其计量的工程量与应该给承包人的支付工程量就可能不一致。因此，支付工程量必须符合合同规定。

《水利水电工程标准文件》通用合同条款规定："已标价工程量清单中的单价子目工程量为估算工程量。结算工程量是承包人实际完成的，并按合同约定的计量方法进行计量的工程量。"所以，工程计量是控制项目投资支出的关键环节，经过监理工程师计量所确定的工程量是向承包人支付相应款项的凭证。

在施工过程中，由于地质、地形条件变化以及设计变更等多方面的影响，招标文件中的名义工程量和施工中的实际工程量很难一致，再加上工期长、影响因素多，因此，在计量工作中，监理人既要做到公正、诚信、科学，又必须使计量审核统计工作在工程一开始就达到系统化、程序化、标准化和制度化。

二、工程计量原则

计量工作关系到合同双方的利益，在工程计量中，监理人应遵守以下原则。

（一）计量的项目必须是合同中规定的项目

在工程计量中，只计量合同中规定的项目。对合同工程量清单规定以外的项目（如承包人自己规划设计的施工便道、临时栈桥、脚手架以及为施工需要而修建的施工排水泵、河岸护堤、隧洞内避车洞、临时支护等）将不予计量。这些项目的费用被认为在承包人报价中已经考虑，分摊到合同规定的相应项目中了。因此，应计量的项目只包括以下内容：①工程量清单中的全部项目；②已由监理人发出变更指令的工程变更项目；③合同文件中规定应由监理人现场确认的，并已获得监理人批准同意的项目。

（二）计量项目应确属完工或正在施工项目的已完成部分

凡确属完工项目和正在施工项目的已完成部分，监理人方能进行计量和审核确认，计量和审核工作中应注意以下几个方面：①计量方式、标准应严格按照合同文件的技术条款中有关计量与支付的有关规定进行；②申报的已完工程量，其项目和工程部位应与设计图纸要求相符，其计量成果经校核确属准确无误；③申报完成的总价合同项目，其完成数量应与经过现场检查的施工形象面貌相一致；④附加项目的工程量，应该是经监理人现场认可同意，且手续齐备、数量核实无误的项目的工程量。

（三）计量项目的质量应达到合同规定的技术标准

所计量项目的质量合格是工程计量最重要的前提。对于质量不合格的项目，不管承包人以什么理由要求计量，监理人均不予进行计量。例如，对于不合格的项目，承包人以种种理由提出对此暂不要求支付，但希望监理人先予计量。对这种情况，监理人应予以拒绝。

质量检验和计量支付是监理过程中的两个阶段。两个阶段以中间交工证书或质量合格证书为界线：经过监理人检验，工程质量达到合同规定的技术标准后，由监理人签发中间交工证书或质量合格证书，监理工作即由质量检验阶段进入计量支付阶段。在签发中间交工证书或质量合格证书以前，不得对任何项目进行计量。

（四）计量项目的申报资料和验收手续应该齐全

承包人在通知监理人请求计量时，应说明有关资料已准备齐全。一般在申请中间计量的同时，承包人把有关资料提交监理人。资料一般应包括：①监理人批准的开工申请单，并应附有关的施工准备、实施性施工组织设计等材料；②承包人自检的各种符合合同要求的试验材料；③监理人的各种检验材料和签发的中间交工证书或质量合格认证证书；④测量控制基线、桩位布置图，计量申请的计算资料、质量评定自检表、监理抽检记录；⑤计量申请表中的工程项目编号、项目名称和工程量的计量单位等（应与合同文件中工程量清单中的相一致）；⑥承包人申请中间计量的申请表。

对承包人应提交的资料，监理人应按《监理实施细则》的方式加以规定。合同文件中的技术条款中规定了程序、工作内容、质量标准，但对于该项工作完成过程中承包人在每一步应提交哪些表格，应做哪些检测，有的工程项目的技术条款中规定得不一定很细，承包人无所遵循。通过监理实施细则，一方面可以对工程量清单、技术条款中的未尽事宜做必要的补充说明，防止出现争议，又可使计量工作规范化、标准化、程序化。

（五）计量结果必须得到监理人和承包人双方确认

承包人提出中间交验申请，并附有相应的试验结果（自检合格、监理抽检合格、全部试验资料、监理人签署的质量检验认可单），请求监理人予以计量，监理人应派人与承包人一起测量和计算工程量，双方确认。承包人欲对工程任何部位进行计量，他应该事先通知监理人，承包人则应准备好与该部位有关的一切资料，派有关人员与监理人在现场测量和计量，计量结果由双方确认。

（六）计量方法的一致性

在土木工程的设计和施工中，对工程量的计算原则和方法一般都有统一规定。计量方法的一致性，主要指如果在工程量清单中和技术条款中规定采用的是什么计算方法，在测量实际完成的工程量时必须采用同一方法。所采用测量和估算的原则应在工程量清单序言或总说明里或技术条款中加以明确。不管所采用的是哪一种方法，首先是作为计算工程量清单的统一依据；在施工中，该方法既用于在建工程的计量，也用于竣工工程的计量。

三、计量的内容

在施工阶段所做的计量工作，以合同中的工程量清单为基础。监理人要进行以下计量：①永久工程和设备的计量（包括中间计量和竣工计量）；②承包人为永久工程施工修建的临时工程、辅助设施计量（一般按总价包干）；③对承包人进行额外工作的计量（包括工程量计量和工程量形成因素的计量）。

其中，永久工程的计量采用中间计量方式对承包人进行阶段付款，竣工计量则用于竣工支付。永久工程的计量中，大量的工作是中间计量，其中包括工程变更的计量。对于图纸中有固定几何尺寸的永久工程计量较为简单，往往是把构造物从基础到上部划分为若干部分，每一部分完成后按约定的费用比例进行支付，因此计量也包含了对该部分工程几何尺寸、形状是否符合设计要求的验收性质；竣工计量的总工程量必须按合同规定的方式进行，诸如合同规定按设计的几何尺寸计量时，总的工程量在没有合同变更的情况下，不应超出工程量清单中按设计几何尺寸已经预先正确计算的工程量。例如，混凝土构造物，所有中间计量结果的总和，应符合该构造物混凝土总体积。对于永久工程中虽有几何尺寸要求，但材料性质本身原因决定了其体积会有变化，如土方填筑的建筑物，则应考虑沉降因素和安全超填的余量，或由设计中规定，或根据实际沉降观测结果计量；这类计量往往会发生中间计量的总和与规定的总量不符的情况，如土堤，考虑到施工沉降后在图纸上设计总压实方量为48万m³）中间计量按分层压实检验、计量，若总共12次阶段付款，由于每次计量都有误差，第11次计量时就已经达到总数48万折，而工程尚未结束。这种情况仍应在最后以总量控制。对于虽有几何尺寸要求，但实际条件会发生变化的，如基坑开挖及回填量的增加，则只有据实计量，按合同规定的计价方式计算支付工程量。因此，在合同文件中，应按不同情况，规定相应的计量方法。

对于承包人为永久工程使用而运进现场的材料，如果合同中规定在该项材料被用于永久工程之前业主以材料预付款的形式先预支付一定百分比的材料购入款时，则监理人除了需要对该项材料检验，确认是否符合用于永久工程标准要求外，还应对进入现场材料的数量随时计量。为了支付的需要，还需要对材料的使用量、进场数量的差值随时计算，以确定材料的实际消耗量，复核承包人的工作质量和所完成项目的工程质量，防止承包人偷工减料。

对于承包人所做的额外工作，如用暂定金额支付的项目以及应付意外事件所完成的工作，出于不同的支付计算需要，有的按完成的工程量计算，有的则要计量工程量形成因素，如计日工计量等。

四、计量工作方式

工程计量工作方式有以下几种。

（一）由承包人在监理人的监督下进行计量

计量具体工作完全由承包人进行，但监理人应对承包人的计量提出具体的要求，包括计量格式、计量记录及有关资料的规定，承包人用于计量设备的精确程度、计量人员的素质等。计量工作在监理人的完全监督下进行。承包人计量完成后，需将计量的结果及有关记录和资料，报送监理人审核，以监理人审核确认的结果作为支付的凭据。

采用这种计量方式，唯一的优点是占用的监理人员较少。但是，由于计量工作全部由承包人进行，监理人只是通过抽测、监督承包人的测量工作、甚至免测加以确认结果，容易使计量失控。因此，采用这种方式的计量，监理人应加强对中间计量的管理，克服由于中间计量不严格对工程最终支付工程量的不利影响，防止工程费用在中间支付工程中超支或给最终的工程结算带来不利影响。

第六章 水利水电工程投资控制

（二）监理人与承包人联合计量

由监理人与承包人分别委派专人组成联合计量小组，共同负责计量工作。当需要对某项工程项目进行计量时，由这个小组商定计量的时间，并做好有关方面的准备，然后到现场共同进行测量和计量，计量后双方签字认可，最后由发包人或监理人的总监审批。有些特殊项目诸如建筑物的原始地形、水下地形、疏浚工程量的计算等在合同中也可以约定由发包人代表、设计代表、监理人、承包人联合进行测量和计算，以确保工程量的计算计量准确。

采用这种计量方式，由于双方在现场共同确认计量结果，与其他计量方式相比，减少了计量与计量结果确认的时间，同时也保证了计量的质量，是目前提倡的计量方式。

五、计量的方法

工程计量是发包人向承包人支付工程价款的主要依据。监理人应按合同技术条款中有关计量与支付的规定严格执行。

监理人的计量工作，既要做到公正、诚信、科学，又要执行科学的计量方法，使计量工作尽量做到系统化、程序化、标准化和制度化。各个项目的计量方法，一般在技术条款、工程量清单前言中规定，实际计量方法必须与合同文件所规定的计量方法相一致。一般情况下，有以下几种方法：

（一）现场测量

现场测量就是根据现场实际完成的工程情况，按规定的方法进行丈量、测算，最终确定支付工程量。

在每月的计量工作中，对承包人递交的收方资料，除了进行内业复核工作外，还应现场进行测量抽查，抽查数量一般控制在递交剖面的5%～10%。对工程量和投资影响较大的收方资料，抽查量应适当增加，反之可减少。如覆盖层开挖计量，除检查施工面貌外，可适当抽查几个部位，并且采取中间计量的方式进行月计量，最终以开挖面貌或设计开挖线形成后的总量控制。要特别注意土石方开挖和土石方填筑工程量的计量规则，是按实际开挖的面貌还是按设计开挖线计量，应依据合同规定确定。

（二）按设计图纸计量

按设计图纸计量是指根据施工图对完成的工程量进行计算，以确定支付的工程计量方法。一般对混凝土、砖石砌体、钢木结构等建筑物或构筑物按设计图纸的轮廓线计算工程量。

（三）仪表测量

仪表测量是指通过使用仪表对所完成的工程量进行计量，如项目所使用的风、水、电、油等，特殊项目的混凝土灌浆、泥土灌浆等。

（四）按单据计算

按单据计算是指根据工程实际发生的进货或进场材料、设备的发票、收据等，对所完成工程进行的计量。这些材料和设备须符合合同规定或有关规范的要求，且已应用到项目中。

（五）按监理人批准计量

按监理人批准计量是指在工程实施中，监理人批准确认的工程量直接作为支付工程量，承包人据此进行支付申请工作。这类计量主要是在变更项目中以具体的数量作为计量单位，诸如隧洞支护的锚杆，基础处理的换填，基础的桩基水泥搅拌桩、灌注桩、预应力混凝土桩等。

（六）合同中个别采用包干计价项目的计量

在水电工程施工固定单价合同中，有一些项目由于种种原因，不宜采用单价计价，而采用包干计价，如临建工程、临时房建工程、某些导截流工程、临时支护工程、观测仪器埋设、机电安装工程等。

包干计价项目一般以总价控制、检查项目完成的形象面貌，按均摊法逐月或逐季支付价款。但有的项目也可进行计量控制。其计量方式可按中间计量统计支付。具体情况视合同规定执行。

六、特殊情况下的计量

（一）按工程价值形成过程或因素计量

工程量的测量和计算，一般指工程量表中列明的永久工程实物量的计量。但费用控制实施过程中，有时需要对工程价值的形成过程或因素进行计量以决定支付。如承包人为应付意外事件所进行的工作，以及按监理人指令进行的计日工作等。

工程价值形成因素主要有以下几个方面：①人工消耗（工日数）；②机械台（时）班消耗；③材料消耗；④时间消耗；⑤其他有关消耗。

根据现场实际且符合合同要求的消耗量,据实进行价款的结算。这类计量监理人一定要做好同期的记录,并且要及时进行认证形成书面文件资料,做到日清周结月汇总。切勿拖延签字认证。监理人对这类的计量资料要存档,以备核查。

(二)赔(补)偿计量

费用控制中遇到较多的赔(补)偿计量是对承包人提出的索赔的计量。

赔(补)偿计量中主要是价值因素的计量,包括有形资源(人工、机械、材料)损失计量和无形资源(时间、效率、空间)损失计量。

其中有形资源损失较易计量,监理人可根据对专项工作连续监测和记录(如监理人员日志、承包人的同期纪录等)来计量;时间、空间损失情况较为复杂;承包人的效率损失则可以用双方同意的"效率降低系数"(意外情况下使正常效率降低的程度)来计量。

赔(补)偿计量中直接损失较易计算,而间接损失则需要协商,就损失项目内容及其数量协商达成一致的计量结果。

发包人认定承包人违约而要求向承包人索取的赔偿的计量方法类同。

(三)以区分责任为前提的计量

有些情况的计量是先区分责任,然后对非承包人原因造成的损失部分需要进行计量,而对承包人自身原因造成的费用增加不予计量。

总之,特殊情况下的计量,与对永久工程的实物量计量不同,常常需要将某些难以量化的因素加以分析、论证,适当反映为某种可量化的计量结果(货币金额、工期日数),通过支付方式给予损失方某种补偿或赔偿。监理人的协调以及合同双方的充分协商是解决此类计量必要的方式。

七、合同规定的计量

《水利水电工程标准文件》通用合同条款有关计量的规定。

(一)计量周期

除专用合同条款另有约定外,单价子目已完成工程量按月计量,总价子目的计量周期按批准的支付分解报告确定。

(二)单价子目的计量

①已标价工程量清单中的单价子目工程量为估算工程量。结算工程量是承包人

实际完成的，并按合同约定的计量方法进行计量的工程量；②承包人对已完成的工程进行计量，向监理人提交进度付款申请单、已完成工程量报表和有关计量资料；③监理人对承包人提交的工程量报表进行复核，以确定实际完成的工程量。对数量有异议的，可要求承包人按《水利水电工程标准文件》第8.2款约定进行共同复核和抽样复测。承包人应协助监理人进行复核并按监理人要求提供补充计量资料。承包人未按监理人要求参加复核，监理人复核或修正的工程量视为承包人实际完成的工程量；④监理人认为有必要时，可通知承包人共同进行联合测量、计量，承包人应遵照执行；⑤承包人完成工程量清单中每个子目的工程量后，监理人应要求承包人派员共同对每个子目的历次计量报表进行汇总，以核实最终结算工程量。监理人可要求承包人提供补充计量资料，以确定最后一次进度付款的准确工程量。承包人未按监理人要求派员参加的，监理人最终核实的工程量视为承包人完成该子目的准确工程量；⑥监理人应在收到承包人提交的工程量报表后的7 d内进行复核，监理人未在约定时间内复核的，承包人提交的工程量报表中的工程量视为承包人实际完成的工程量，据此计算工程价款。

（三）总价子目的计量

总价子目的分解和计量按照下述约定进行：①总价子目的计量和支付应以总价为基础，不因《水利水电工程标准文件》第16.1款中的因素而进行调整。承包人实际完成的工程量，是进行工程目标管理和控制进度支付的依据；②承包人应按工程量清单的要求对总价子目进行分解，并在签订协议书后的28 d内将各子目的总价支付分解表提交监理人审批。分解表应标明其所属子目和分阶段需支付的金额。承包人应按批准的各总价子目支付周期，对已完成的总价子目进行计量，确定分项的应付金额列入进度付款申请单中；③监理人对承包人提交的上述资料进行复核，以确定分阶段实际完成的工程量和工程形象目标。对其有异议的，可要求承包人按《水利水电工程标准文件》第8.2款约定进行共同复核和抽样复测；④除按照《水利水电工程标准文件》第15条约定的变更外，总价子目的工程量是承包人用于结算的最终工程量。

八、计价方式

计价是对已完成的工作量的价款进行计算，是在计量的基础上对符合合同规定的工作，按合同规定的计价方式进行价款计算。合同中对工程的计量与计价都有规定，对项目的计量与计价必须符合合同的规定，监理人没有权力修改合同中不合理的计量和计价条款，但可以建议合同双方修改；对合同中不合法的计量和计价，监理人必须要求合同双方修改，如合同双方不修改合同中不合法条款，监理人有权拒绝签发付款证书。

在水电工程的固定单价合同中，项目的计价一般采用单价计价、包干（总价）计价、计日工计价3种计价支付方式。现主要对单价计价和计日工计价进行介绍。

（一）单价计价方式项目的计价

水利水电工程施工中，大多数项目采用单价计价方式进行工程价款的支付。即对合同工程量清单项目一般按支付工程量乘以合同确定的单价进行确定。

在计价支付中，监理人应注意以下问题：

1. 工程价值的确定

对于承包人已完项目的价值，应根据工程量清单中的单价与监理人依据合同规定的计量原则、方法进行计量的工程数量来确定，即工程量必须是支付工程量。

按照施工合同条件的规定，工程量清单中的单价，除非工程变更，使其单价也随之改变，合同工程量清单中的单价是不能改变的。因此，工程款项的支付，除非变更项目的单价，不允许采用工程量清单中单价以外的任何价格。即单价必须是合同规定的单价包括工程量清单中的或变更项目的单价。

2. 没有标价的项目不予支付任何款项

根据合同文件的规定，承包人在投标时，对工程量清单中的每项都应提出报价。因此对于工程量清单中没有填报单价或合价的项目，将被认为该项目的费用已包括在清单的其他单价或合价中。因此，对工程量清单中没有标价的项目一律不予支付任何款项。

（二）计日工费用的计价

关于计日工费用的计价，一般采用下述方法：

第一，工程量清单中，对采用计日工形式可能涉及不同工种的劳力、材料、设备的价格进行了规定。因此在进行计日工工作时，这些劳力、材料及设备的费用可根据工程量清单中相同项目的单价计取有关费用。

第二，尽管工程量清单中对一些劳力、材料及设备进行了定价，但进行计日工工作时，往往还有一些劳力、材料及设备在清单中没有定价。对于清单中没有定价的项目，应按实际发生的费用加上合同中规定的费率支付其有关的费用，或合同双方依据合同的有关规定进一步协商确定。

第三节 工程款支付与控制

工程价款的支付是合同双方实现各自目的的最后一个环节，发包人是否能得到一个合格的工程，承包人的工作质量和工程质量是否达到合同规定，工程价款支付关系到施工合同双方的利益，监理人必须而且只能按合同约定进行工程价款的支付。

一、工程款支付条件

支付控制是监理人投资控制的重要环节。监理人既要熟悉合同中关于计量支付的规定，又要具有严谨、廉洁、公正的工作作风。按照施工合同条件的规定，工程支付必须符合以下条件。

（一）质量合格的工程项目

工程质量达到合同规定的标准，工程项目才予以计量，这是工程支付的必备条件。监理人只对质量合格的工程项目予以支付，对于不合格的项目，要求承包人修复、返工，直至达到合同规定标准后，才予以计量支付，且对承包人原因造成的修复返工费用由承包人自己承担。

（二）变更项目各项手续完善

根据施工合同条件规定，承包人没有得到监理人的变更指示，不得对工程进行任何变更。因此，未经发包人或发包人授权的监理人批准实施的任何工程变更，不管其必要性和合理性如何，在必要的合同手续没有完善前一律不予支付。

（三）符合合同文件的规定

工程的任何一项支付，都必须符合合同文件的规定，这既是为了维护发包人的利益，又是监理人投资控制的权限所在。监理人只有在发包人的授权范围内，在合同约定的暂定金额范围内支付计日工和意外事件，超出发包人的授权和合同规定的暂定金额的数目时，应重新得到发包人的授权和批准。凡不符合合同规定条件的任何款项均不得支付。

（四）月支付款应大于合同规定的最低支付限额

为减少支付环节的财务费用，鼓励承包人加快施工进度，在有些工程的施工合同条件中规定，承包人每月（或每次）应得到的支付款额（已扣除了保留金和其他应扣款后的款额）不小于合同规定的阶段证书的最低限额时才予以支付。当月不予支付的金额将按月结转，直到批准的付款金额达到或超过最低支付限额时，才予以支付。

二、工程款支付内容

（一）工程预付款的支付与扣还

在发包人与承包人签订施工合同后，为做好施工准备，承包人需要大量的资金投入。由于工程项目一般投资巨大，承包人往往难以承受。发包人为了使工程顺利推进，除了做好施工现场准备外，以预付款的形式借给承包人一部分资金，主要供承包人做好施工准备并用于工程施工初期各项费用的支出。《水利水电工程标准文件》通用合同条款规定："预付款用于承包人为合同工程施工购置材料、工程设备、施工设备、修建临时设施以及组织施工队伍进场等。分为工程预付款和工程材料预付款。预付款必须专用于合同工程。预付款的额度和预付办法在专用合同条款中约定。"所以，工程预付款是在项目施工合同签订后由发包人按照合同约定，在正式开工前预先支付给承包人的一笔款项。预付款的这种支付性质决定了它是无息的，但要有借有还。

（二）工程材料预付款的支付与扣还

工程材料预付款主要用于帮助承包人在施工初期购进成为永久工程组成部分的主要工程材料或设施的款项。工程材料预付款的额度应由发包人与承包人在专用合同条款中具体约定。工程材料预付款金额一般可以材料发票上费用的75%～90%为限，以计入进度付款凭证的方式支付，也可预先一次支付。一般来说，工程材料预付款不需承包人提供工程材料预付款保函，但须规定，承包人的进场工程材料必须报监理人检验且符合合同规定，已在施工现场的工程材料，其所有权属于发包人，不经监理人同意，不得擅自运出施工现场。同时支付了工程材料预付款，并不意味对此工程材料和设备的最后批准，如果验收后或在使用过程中发现工程材料或设备不符合规范和合同规定，监理人仍然有权否决这些不合格的工程材料和设备。

1. 材料预付款的支付条件

①材料的质量和储存条件均符合有关规范和合同要求；②材料已到达工地，并经承包人和监理人共同验点入库；③承包人按监理人的要求提交了材料的订货单、收据或价格证明文件、材料质量合格的证明文件或检验报告。

2. 材料预付款的支付和扣回。

材料预付款也是发包人以无息贷款形式，在月支付工程款的同时，专供给承包人的一笔用以购置材料与设备的价款。工程材料预付款的预付办法应由发包人与承包人在专用合同条款中具体约定。例如，双方可约定工程材料到达工地并满足上述条件后，承包人可向监理人提交材料预付款支付申请单，要求支付。监理人审核后，按合同规定的支付比例（一般按实际材料价格的75%～90%计算），在月支付款中支付。

工程材料预付款的扣回与还清也应在专用合同条款中约定。发包人在支付工程材料预付款后应按合同规定的时间（一般为3个月或6个月）内以平均的方式在月支付中陆续扣回。

3．质量保证金的扣留与退还

质量保证金又称保留金、滞留金或滞付金，按国际惯例，为了确保在施工过程中工程的一些质量缺陷能得到及时的修补，承包人违约造成的发包人的损失能获得及时赔偿，发包人有权在工程进度付款中按工程款的某一百分数扣留一笔款项，这就是质量保证金。质量保证金是发包人持有的一种对施工合同的担保。它是为了促使承包人抓紧工程收尾工作，尽快完成合同任务，确保在工程竣工移交后，在缺陷责任期（工程质量保修期）内承包人仍能履行修补缺陷的义务，且不会因承包人的轻微违约而动用履约担保，对承包人的资信是一种保护。

4．工程进度付款

工程进度付款是按照工程施工进度分阶段地对承包人支付的一种付款方式，如月结算、分阶段结算或发包人、承包人在合同中约定的其他方式。在施工合同中应明确约定付款周期，《水利水电工程标准文件》通用合同条款规定了付款周期同计量周期。在施工承包合同中，一般规定按月支付。按月结算是在上月结算的基础上，根据当月的合同履行情况进行的结算。这种支付方式公平合理、风险小、便于操作和控制。

（1）工程进度付款程序

一般来说，工程进度付款可按以下程序进行：

1）承包人向监理人提交进度付款申请单

《水利水电工程标准文件》通用合同条款规定：承包人应在每个付款周期末，按监理人批准的格式和专用合同条款约定的份数，向监理人提交进度付款申请单，并附相应的支持性证明文件。除专用合同条款另有约定外，进度付款申请单应包括下列内容。

①截至本次付款周期末已实施工程的价款；②根据第15条应增加和扣减的变更金额；③根据第23条应增加和扣减的索赔金额；④根据第17.2款约定应支付的预付款和扣减的返还预付款；⑤根据第17.4.1项约定应扣减的质量保证金；⑥根据合同应

增加和扣减的其他金额。

2）监理人对承包人提交的进度付款申请单进行核查

监理人在收到承包人进度付款申请单以及相应的支持性证明文件后的14 d内完成核查，提出发包人到期应支付给承包人的金额以及相应的支持性材料，经发包人审查同意后，由监理人向承包人出具经发包人签认的进度付款证书。监理人有权扣发承包人未能按照合同要求履行任何工作或义务的相应金额。

3）发包人应按合同约定的时间，将进度付款支付给承包人

发包人应在监理人收到进度付款申请单后的28 d内，将进度应付款支付给承包人。发包人不按期支付的，按专用合同条款的约定支付逾期付款违约金。

需要强调的是：按照《水利水电工程标准文件》通用合同条款的规定：①监理人出具进度付款证书，不应视为监理人已同意、批准或接受了承包人完成的该部分工作；②进度付款涉及政府投资资金的，按照国库集中支付等国家相关规定和专用合同条款的约定办理。

（2）工程进度付款的修正

《水利水电工程标准文件》通用合同条款规定：在对以往历次已签发的进度付款证书进行汇总和复核中发现错、漏或重复的，监理人有权予以修正，承包人也有权提出修正申请。经双方复核同意的修正，应在本次进度付款中支付或扣除。

（3）工程进度付款的控制

工程进度付款的费用控制是合同管理中投资控制的基础。总费用是一次次的工程进度付款累计而成的，因此，对每次工程进度付款，监理人都应认真审查、核定、分析，严格把关，尤其应加强下列环节的工作，以便准确判断出具或不出具进度付款证书。

①对进度付款申请单中所开列的各工程的价值，必须以质量检验的结果和计量结果为依据，签认的应该是经监理人认可的合格工程及其计量数量；②必须以预定的进度要求为依据。一般以扣除工程质量保证金的金额及其他本期应扣款额后的总额大于合同中规定的最小支付金额为依据，小于这个金额监理人不开具本期支付证书；③承包人运进现场的用于永久工程的材料必须是合格的：有材料出厂（场）证明，有工地抽检试验证明，有经监理人员检验认可的证明。不合格材料不但得不到材料预付款支付，不准使用，而且必须尽快运出现场。如果承包人到时不能将不合格的材料运出，监理人将雇人将其运出，一切费用由该承包人承担；④未经监理人事先批准的计日工，不给予承包人支付；⑤把好价格调整和索赔关。

5．竣工结算（完工结算）

关于完工和竣工的含义在现行的验收规范和合同范本中并没有统一，根据目前

水利部有关的验收规范和合同范本对完工和竣工的表述，完工验收一般是对某一个合同内容进行的复核、检查，由发包人或发包人委托监理人组织进行，包括规范规定的单元工程完工验收、分部工程完工验收、单位工程完工验收和合同项目的完工验收。竣工验收一般是对一个项目的各个内容进行的复核、检查，由规范规定的验收主持机构组织进行，包括各类项目实施过程中的阶段验收（截流、水库蓄水、机组运行）、单位工程投入使用验收及竣工验收，这类验收在验收规范中规定，是项目投入运行的标志，特别是竣工验收，是任何一个项目必须经过的一个阶段，国家强制性条款规定，没有经过竣工验收的项目，或竣工验收不合格的项目不准投入运行、交付使用。此外合同项目的结算要经过审计，在竣工验收时要完成项目的竣工决算，并完成竣工决算审计。因此，合同项目的完工支付与项目的竣工结算也要有机地结合，特别是一个项目有多个合同标段时，更应该注意各个合同完成时间与竣工验收的时间相协调。以下的讨论仅从合同角度讨论完工支付的要点。

在永久工程完工、验收、移交后，监理人应开具完工支付证书，在发包人与承包人之间进行完工结算。完工支付证书是对发包人以前支付过的所有款额以及承包人按合同有权得到的款额的确认，指出发包人还应支付给承包人或承包人还应支付给发包人的余额，具有结算的性质。因此，完工支付也叫合同项目的竣工结算，简称竣工结算，这里对一个项目只有一个合同来说，完工结算和竣工结算是一样的。但对于一个项目有多个合同时，完工结算和实际的竣工结算是有区别的。

完工支付证书与中期付款证书不同。中期付款证书是以监理审核结果为准的，可以将承包人申请的不合理款项删掉，可以对前一个阶段付款进行修正，也可以将认为质量修复满意了的项目加在下一个阶段付款证书中。阶段付款证书的支付项目与支付金额，按合同规定以及视监理人满意或不满意审核认定。而完工支付证书的结算性质决定了监理人已无后续证书可以修正，因此他必须与承包人在其提出的合同项目竣工报告草稿的基础上协商并达成一致的意见。

完工支付证书必须以所有阶段付款证书为基础，但又必须处理好各种有争议的款项。在支付证书中不再出现未经解决的有争议的款项，如最常见的关于索赔费用的争议。完工支付证书是对监理人费用控制工作的全面总结，要全面清理和准确审核工程全过程发生的实际费用，工作量是较大的。

6. 最终结清（最终支付）

在工程质量保修期（缺陷责任期）终止后，并且发包人或监理人颁发了工程质量保修责任终止证书，施工合同双方可进行工程的最终结算，其程序如下：

（1）承包人提交最终结清申请单

工程质量保修责任期终止证书签发后，承包人应按监理人批准的格式提交最终结清申请单。提交最终结清申请单的份数具体应在合同专用条款中约定。

发包人（或监理人）对最终结清申请单内容有异议的，有权要求承包人进行修正和提供补充资料，由承包人向监理人提交修正后的最终结清申请单。需要注意的是，承包人按合同约定提交的最终结清申请单中，只限于提出合同工程完工证书颁发后发生的索赔。

（2）最终结清证书和支付时间

监理人收到承包人提交的最终结清申请单后的14 d内，提出发包人应支付给承包人的价款送发包人审核并抄送承包人。发包人应在收到后14 d内审核完毕，由监理人向承包人出具经发包人签认的最终结清证书。监理人未在约定时间内核查，又未提出具体意见的，视为承包人提交的最终结清申请已经监理人核查同意；发包人未在约定时间内审核又未提出具体意见的，监理人提出应支付给承包人的价款视为已经发包人同意。

发包人应在监理人出具最终结清证书后的14 d内，将应支付款支付给承包人。发包人不按期支付的，按合同的约定，将逾期付款违约金支付给承包人。

承包人对发包人签认的最终结清证书有异议或最终结清付款涉及政府投资资金的，均应按合同约定办理。

7．暂列金额（备用金）

（1）暂列金额（备用金）的使用

在招投标期间，对于没有足够资料可以准确估价的项目和意外事件，可以采取暂列金额的形式在工程量表中列出，可以分列为计日工和意外事件两项，也可以合并在一起。一般情况下发包人在招标时将暂列金额的数额列入工程量清单中。当实际发生需要动用暂列金额的情况或事件时，其实际发生的费用仍需由发包人支付。因此，暂列金额一般由发包人在合同项目招标的工程量清单中列入，或在工程量清单中列出暂列金额为合同项目投标报价的一定比例，使投标人知道合同中有一笔费用，可以在发生合同工作之外的事件时，对所做的工作给予适当的补偿，以减少合同中风险报价的比例，节省工程投资。

一般情况下，暂列金额由监理人按照合同规定，并经发包人或发包人委托监理人审批，在指定的项目或工作中动用。按照《水利水电工程标准文件》通用合同条款规定：暂列金额只能按照监理人的指示使用，并对合同价格进行相应调整。在实际工程中，可能全部或部分地使用，或根本不予动用。

三、合同项目结算

合同项目结算是对合同文件所确定的工作内容依据合同文件的规定进行清算，

从合同文件所规定的工作内容是否按约定完全履行，可分为完全履行的合同结算和不完全履行的合同结算。

（一）完全履行的合同结算

完全履行的合同结算主要是对工程量清单项目的结算、变更项目的结算和索赔项目的结算。

1. 工程量清单项目的结算

工程量清单项目的结算要依据合同工程量清单各个项目的合同规定，工作范围、单价还是总价，计量计价原则、方法、具体的计价工作内容等，分项分部进行计算。单价项目价款用支付工程量乘以单价；总价项目按合同规定结算。在单价项目的计算中要附有必要的支持性材料，包括每个部位的计算简图、计算公式、计算式，合同规定的支付工程量的规定。总价项目一般按合同清单量支付。

2. 变更项目的结算

合同变更项目的结算与工程量清单项目的结算类似，需要注意的变更项目的单价必须经合同双方签字认可后才可以进入结算，过程中的临时单价是不能作为结算单价的。所有变更项目的结算必须附支持性材料，包括变更批复文件、变更指令、变更单价、变更工程量的计量规则、设计签章的图纸和文件，必要时合同双方应签订关于变更项目的补充协议。对变更项目的结算文件可单独装订成册。

3. 索赔项目的结算

索赔项目（工作）的结算按最后合同双方对索赔事件的最终一致性意见进行汇总。注意与工程量清单项目和变更项目的计量范围的界定，诸如有些索赔是变更项目引起的，在变更项目中支付工程量已确定，单价按合同规定的单价结算；承包人对该变更项目的单价提出索赔，并经协商最后确定单价进行调整，在索赔计算时要注意，如变更项目已按支付工程量和合同规定的单价结算，索赔计算只计算增加或减少的那部分单价所引起的费用就可以。也可以将变更和索赔统一考虑在索赔项目中结算或在变更项目中结算。

（二）不完全履行的合同结算

合同因非正常结束进行的结算包括合同一方违约引起的合同解除后结算、不可抗力发生引起的合同解除后结算。

解除合同是指在履行合同过程中，由于某些原因而使继续履行合同成为不合适或不可能，从而终止合同的履行。对施工承包合同，有3种情况下的解除合同：承包人违约、发包人违约和不可抗力引起的解除合同。

第六章　水利水电工程投资控制

1．承包人违约引起解除合同后的估价、付款和结清

在施工合同履行过程中，承包人发生合同约定的违约情况时，发包人可通知承包人解除合同，并按合同有关约定处理。

如果承包人发生除合同约定以外的其他违约情况时，监理人可向承包人发出整改通知，要求其在指定的期限内改正。在此情况下，承包人应承担其违约所引起的费用增加和（或）工期延误。经检查证明承包人已采取了有效措施纠正违约行为，具备复工条件的，可由监理人签发复工通知复工。

因承包人违约造成施工合同解除的，监理人应就合同解除前承包人应得到但未支付的工程价款和费用签发付款证书，但应扣除根据施工合同约定应由承包人承担的违约费用。《水利水电工程标准文件》通用合同条款规定：①合同解除后，监理人按合同的约定，商定或确定承包人实际完成工作的价值，以及承包人已提供的材料、施工设备、工程设备和临时工程等的价值；②合同解除后，发包人应暂停对承包人的一切付款，查清各项付款和已扣款金额，包括承包人应支付的违约金；③合同解除后，发包人应按合同的约定向承包人索赔由于解除合同给发包人造成的损失；④合同双方确认上述往来款项后，出具最终结清付款证书，结清全部合同款项；⑤发包人和承包人未能就解除合同后的结清达成一致而形成争议的，按合同的约定办理。

2．发包人违约解除合同后的付款

发包人发生合同约定的违约情况时，承包人可书面通知发包人解除合同。发包人违约承包人按合同的约定暂停施工28 d后，发包人仍不纠正违约行为的，承包人可向发包人发出解除合同通知。但承包人的这一行动不免除发包人承担的违约责任，也不影响承包人根据合同约定享有的索赔权利。

因发包人违约解除合同的，监理人应就合同解除前承包人所应得到但未支付的工程价款和费用签发付款证书。按《水利水电工程标准文件》通用合同条款规定：发包人应在解除合同后28 d内向承包人支付下列金额，承包人应在此期限内及时向发包人提交要求支付下列金额的有关资料和凭证：①合同解除日以前所完成工作的价款；②承包人为该工程施工订购并已付款的材料、工程设备和其他物品的金额。发包人付款后，该材料、工程设备和其他物品归发包人所有；③承包人为完成工程所发生的，而发包人未支付的金额；④承包人撤离施工场地以及遣散承包人的金额；⑤由于解除合同应赔偿的承包人损失；⑥按合同约定在合同解除日前应支付给承包人的其他金额。

发包人应按本项约定支付上述金额并退还质量保证金和履约担保，但有权要求承包人支付应偿还给发包人的各项金额。

因发包人违约而解除合同后，承包人应妥善做好已竣工工程和已购材料、设备

的保护和移交工作，按发包人要求将承包人设备和人员撤出施工场地。承包人撤出施工场地应遵守合同的约定，发包人应为承包人撤出提供必要条件。

3．不可抗力引起解除合同后的结算

在履行合同过程中，发生不可抗力事件使一方或双方无法继续履行合同时，可解除合同。因不可抗力致使施工合同解除的，监理人应根据施工合同约定，就承包人应得到但未支付的工程价款和费用签发付款证书。

（1）不可抗力的确认

不可抗力是指承包人和发包人在订立合同时不可预见，在工程施工过程中不可避免发生并不能克服的自然灾害和社会性突发事件，如地震、海啸、瘟疫、骚乱、暴动、战争和专用合同条款约定的其他情形。

不可抗力发生后，发包人和承包人应及时、认真统计所造成的损失，收集不可抗力造成损失的证据。合同双方对是否属于不可抗力或其损失的意见不一致的，由监理人按合同约定进行商定或确定。发生争议时，按合同的约定办理。

（2）不可抗力的通知

合同一方当事人遇到不可抗力事件，使其履行合同义务受到阻碍时，应立即通知合同另一方当事人和监理人，书面说明不可抗力和受阻碍的详细情况，并提供必要的证明。如不可抗力持续发生，合同一方当事人应及时向合同另一方当事人和监理人提交中间报告，说明不可抗力和履行合同受阻的情况，并于不可抗力事件结束后28 d内提交最终报告及有关资料。

（3）不可抗力后果及其处理

不可抗力造成损害的责任，按《水利水电工程标准文件》通用合同条款规定：除专用合同条款另有约定外，不可抗力导致的人员伤亡、财产损失、费用增加和（或）工期延误等后果，由合同双方按以下原则承担：

①永久工程，包括已运至施工场地的材料和工程设备的损害，以及因工程损害造成的第三者人员伤亡和财产损失由发包人承担；②承包人设备的损坏由承包人承担；③发包人和承包人各自承担其人员伤亡和其他财产损失及其相关费用；④承包人的停工损失由承包人承担，但停工期间应监理人要求照管工程和清理、修复工程的金额由发包人承担；⑤不能按期竣工的，应合理延长工期，承包人不需支付逾期竣工违约金。发包人要求赶工的，承包人应采取赶工措施，赶工费用由发包人承担。

合同一方当事人延迟履行，在延迟履行期间发生不可抗力的，不免除其责任。不可抗力发生后，发包人和承包人均应采取措施尽量避免和减少损失的扩大，任何一方没有采取有效措施导致损失扩大的，应对扩大的损失承担责任。

合同一方当事人因不可抗力不能履行合同的，应当及时通知对方解除合同。合

同解除后，承包人应按照合同约定撤离施工场地。已经订货的材料、设备由订货方负责退货或解除订货合同，不能退还的货款和因退货、解除订货合同发生的费用，由发包人承担，因未及时退货造成的损失由责任方承担。合同解除后的付款，由监理人按照合同的约定，与发包人和承包人商定或确定。

第四节 水利水电工程投资控制措施

一、投资控制准备

（一）建立投资控制机构，明确职责与分工

投资控制由监理机构的合同管理部门负责，一般应配备造价工程师，相关专业监理工程师配合其工作，建立工程计量、工程款支付签证制度，对工程投资实施动态控制。

（二）分解投资目标，拟定资金使用计划

对总投资目标进行项目分解，协助发包人编制投资控制分解目标和资金使用计划，拟定现金流量计划表，为发包人筹措资金提供依据，使资金投入连续、衔接、均衡、合理。

（三）收集造价信息，为投资控制提供依据

收集造价控制方面的基础资料，主要包括当地政府授权定期公布的相关市场信息价、主要生产厂家、附近供货商的市场销售价等。

（四）分析合同文件，向业主提供合同分析报告

依据施工合同有关条款、设计文件及施工条件，对工程造价进行风险分析，并向业主项目部提出防范性对策和建议。特别是施工图与招标图之间差异，施工现场条件与合同约定的差异，以及由此可能引起的投资变化等。

（五）对施工方案进行经济技术比较，寻求节约投资的可能性

慎重审批承包人的施工技术方案，对主要施工方案进行技术经济分析，寻求节约投资的可能性，必要时组织设计业主，施工单位召开施工方案审查会，集思广益优化施工方案。

二、计量与支付审核

（一）预付款支付审核

1. 预付款一般包括工程预付款和材料预付款，审查工程预付款时，要检查承包人是否按合同提供了预付款保函和施工机械进场情况，预付款保函由经业主认可的银行开具，进场施工机械估值与相应的预付款相当。

2. 审查材料预付款时要检查材料的数量，质量及入库情况，并要求承包人提供有关进货单据。

3. 监理依据施工合同约定，对施工单位提交的工程预付款申请进行审核和签认，报业主审批。

（二）计量审核

专业监理工程师依据清单报价和设计图纸对已经验收合格的工程实施工程计量，审核施工单位填报的工程量清单和工程款支付申请表，报总监理工程师审核和签认，并报业主审批。计量的依据如下：

1. 符合合同条件
2. 有质量合格证，不合格的工程不予计量。
3. 工程量清单前言和技术规范。
4. 建筑物的几何尺寸以图纸为准。

（三）进度款支付审核

1. 审查申报完成的工程量是否为已报监理机构质量验收合格。
2. 审查工程量统计是否准确，工程款计算是否正确。
3. 对施工单位超出设计图纸范围和因施工单位原因造成返工的工程量，监理机构不予计量。
4. 未经监理机构质量验收合格的工程量或不符合承包合同约定的工程量，监理机构应拒绝计量和拒绝签认该部分的工程款支付申请。
5. 依据有关合同规定审核其他费用付款申请。

三、工程变更费用审查

（1）依据施工合同及在业主授权范围内，在工程变更实施前对工程变更申请的变更费用预算进行审查。

（2）施工单位提出的工程变更应按照施工合同的约定，编制工程变更预算书，报送监理机构审核，经业主认可后，方可进入计量和工程款支付程序。

（3）依据工程变更文件，审查工程变更执行报验单，对工程量实施计量，该工程变更项目完成后，在施工合同约定的限期内，业主、施工单位和监理机构三方共同会签工程量签证单。未经总监理工程师审查同意而实施的工程变更，监理机构不得予以计量。

四、结算审核

依据施工合同审核施工单位提交的工程竣工结算报审表，提出监理书面意见和建议，报业主审批。

参考文献

[1]孙三民,李志刚,邱春. 水利工程测量[M]. 天津:天津科学技术出版社,2018.

[2]王海雷,王力,李忠才. 水利工程管理与施工技术[M]. 北京:九州出版社,2018.

[3]沈凤生. 节水供水重大水利工程规划设计技术[M]. 郑州:黄河水利出版社,2018.

[4]侯超普. 水利工程建设投资控制及合同管理实务[M]. 郑州:黄河水利出版社,2018.

[5]鲍宏喆. 开发建设项目水利工程水土保持设施竣工验收方法与实务[M]. 郑州:黄河水利出版社,2018.

[6]贾洪彪,邓清禄,马淑芝. 水利水电工程地质[M]. 武汉:中国地质大学出版社,2018.

[7]魏温芝,任菲,袁波. 水利水电工程与施工[M]. 北京:北京工业大学出版社,2018.

[8]王东升,徐培蓁. 水利水电工程施工安全生产技术[M]. 徐州:中国矿业大学出版社,2018.

[9]高占祥. 水利水电工程施工项目管理[M]. 南昌:江西科学技术出版社,2018.

[10]张志坚. 中小水利水电工程设计及实践[M]. 天津:天津科学技术出版社,2018.

[11]程健. 水利工程测量[M]. 北京:中国水利水电出版社,2018.

[12]李平,王海燕,乔海英. 水利工程建设管理[M]. 北京:中国纺织出版社,2018.

[13]代德富,胡赵兴,刘伶. 水利工程与环境保护[M]. 天津:天津科学技术出版社,2018.

[14]张云鹏,戚立强. 水利工程地基处理[M]. 北京:中国建材工业出版社,2019.

[15]刘春艳,郭涛. 水利工程与财务管理[M]. 北京:北京理工大学出版社,2019.

[16]姬志军,邓世顺. 水利工程与施工管理[M]. 哈尔滨:哈尔滨地图出版社,2019.

[17]孙玉玥,姬志军,孙剑. 水利工程规划与设计[M]. 长春:吉林科学技术出版社,2019.

[18]高喜永,段玉洁,于勉. 水利工程施工技术与管理[M]. 长春:吉林科学技术出版社,2019.

[19]刘景才,赵晓光,李璇. 水资源开发与水利工程建设[M]. 长春:吉林科学技术出版社,2019.

[20]牛广伟. 水利工程施工技术与管理实践[M]. 北京:现代出版社,2019.

[21]孙祥鹏,廖华春. 大型水利工程建设项目管理系统研究与实践[M]. 郑州:黄河水利出版社,2019.

[22]陈雪艳. 水利工程施工与管理以及金属结构全过程技术[M]. 北京:中国大地出版社,2019.

[23]袁俊周,郭磊,王春艳. 水利水电工程与管理研究[M]. 郑州:黄河水利出版社,2019.

[24]戴会超. 水利水电工程多目标综合调度[M]. 北京:中国三峡出版社,2019.

[25]高明强,曾政,王波.水利水电工程施工技术研究[M].延吉:延边大学出版社,2019.

[26]马明.水利水电勘探及岩土工程发展与实践[M].武汉:中国地质大学出版社,2019.

[27]林雪松,孙志强,付彦鹏.水利工程在水土保持技术中的应用[M].郑州:黄河水利出版社,2020.

[28]贺芳丁,从容,孙晓明.水利工程设计与建设[M].长春:吉林科学技术出版社,2020.

[29]严力姣,蒋子杰.水利工程景观设计[M].北京:中国轻工业出版社,2020.

[30]宋美芝,张灵军,张蕾.水利工程建设与水利工程管理[M].长春:吉林科学技术出版社,2020.

[31]杜守建,周长勇.水利工程技术管理[M].北京:中国水利水电出版社,2020.

[32]何俊.水利工程造价[M].郑州:黄河水利出版社,2020.

[33]曾瑜,历莎.水利工程造价[M].北京:高等教育出版社,2020.

[34]张伟,蒋磊,赖月媚.水利工程与生态环境[M].哈尔滨:哈尔滨地图出版社,2020.

[35]崔洲忠.水利工程管理[M].长春:吉林科学技术出版社,2020.